PATISSERIE VOM FEINSTEN

Schritt für Schritt

Damien Duquesne
Régis Garnaud

GERSTENBERG

L'ATELIER
750 grammes
Chef Damien

Einleitung

Als ich Régis vor über 20 Jahren kennenlernte, konnte er bereits auf eine eindrucksvolle Karriere zurückblicken: Ausbildung bei den Compagnons du Devoir, einer französischen Handwerkervereinigung, danach Chef-Patissier in Pariser Sternerestaurants und Grand Hotels wie dem Hôtel Scribe. Als sich unsere Wege kreuzten, arbeitete er als zweiter Chef-Patissier im berühmten Palasthotel Ritz, wo ich zu dieser Zeit gerade ein Praktikum absolvierte. Immer wenn ich eine Minute Zeit hatte, ging ich hinüber und schaute, was in der Patisserie vor sich ging. Ich war beeindruckt von dieser Welt, die ich kaum kannte und die mir so weit entfernt schien von der Welt des Kochens, die damals sehr maskulin geprägt war. Ich beobachtete Régis und seine Gehilfen, wie sie mit Präzision und Ruhe zu Werke gingen, ihre Zutaten sorgsam abwogen – das genaue Gegenteil zu sonst in der Küche, wo viel spontaner und instinktiver gearbeitet wird.

Régis nahm mich von Anfang an sehr freundlich auf und gab mir viele Tipps und Rezepte, die ich in meinen Restaurants noch heute verwende – wobei ich mir allerdings auch die Freiheit nehme, sie auf meine kochspezifische Weise zu interpretieren. Inzwischen ist Régis ein enger Freund geworden und genau wie ich Ausbilder für werdende Patissiers – obwohl er sich damals schon ein wenig darüber lustig gemacht hatte, dass ich diesen Beruf ergreifen wollte. Wir haben uns sozusagen gegenseitig inspiriert: Ich habe ihn dazu ermutigt, das Wissen zu teilen, das er bei den Großen unserer Zunft erworben hat, und er hat seine Liebe zur Patisserie an mich weitergegeben.

Mit diesem Werk wollen wir unser Können in den Dienst der Leser stellen: die pädagogischen Kompetenzen, die wir beide als Dozenten der Hotelfachschule erworben haben, und natürlich auch unser Wissen als langjährige Profis. Dieses Buchprojekt ermöglichte uns, dass wir Ihnen die großen Klassiker der Patisserie vorstellen können – mit einem zeitgemäßen, modernen Ansatz, das heißt mit leichteren, weniger zuckerlastigen Rezepten und in stilvollen Präsentationen. Wir sind der Meinung, dass ein solches Handbuch der französischen Backkunst den Leser nicht zwangsläufig »erschlagen« oder langweilen muss. Stattdessen wollten wir es möglichst ansprechend, locker und nicht allzu ausführlich gestalten.

Wie Régis stets zu sagen pflegt: Als Patissier muss man methodisch, organisiert, präzise und kreativ sein! Wenn Sie über diese Eigenschaften verfügen – oder zumindest bereit sind, sie zu entwickeln – und die nötige Leidenschaft mitbringen, können Sie sich ohne Vorbehalte in das Abenteuer Patisserie stürzen!

Damien Duquesne

Inhalt

Der Werkzeugkasten des Patissiers

Um alle in diesem Buch vorgestellten Rezepte zubereiten zu können, benötigen Sie die folgenden Hilfsmittel:

KLEINE UTENSILIEN – SCHNEIDEWERKZEUGE

- Sparschäler
- Küchenreibe
- Küchenschere
- Messer (kleines Officemesser, großes Chefmesser, Konditormesser mit Wellenschliff)
- Kugelausstecher
- Tartekneifer
- Mandoline
- Teigrad

WEITERE KLEINE UTENSILIEN

- Teigschaber
- Teigspatel
- Modellierwerkzeug
- Schneebesen
- Winkelpalette
- Streichpalette
- Schöpfkelle
- Backpinsel
- Stipproller
- Spritztüllen (verschiedene Größen und Formen, aus Metall und Kunststoff)
- Silikonbackmatte
- Puderzuckersieb
- Spitzsieb
- Mehlsieb

FORMEN UND AUSSTECHER

- Backrahmen und Tortenringe aus Edelstahl in verschiedenen Größen und Höhen (für die Rezepte in diesem Buch mit einem Durchmesser zwischen 16 und 22 cm und einer Höhe zwischen 1,5 und 4,5 cm)
- Ausstecher in verschiedenen Formen und Größen
- Backformen: Briocheblech (und einzelne Briocheformen), verschiedene Kuchenformen, Madeleine- und Charlottenformen

EINWEGPRODUKTE

- Backpapier
- Frischhaltefolie
- Tortenrand- oder Acetatfolie
- Küchenpapier
- Goldkarton als Unterlage und für Schablonen
- Einwegspritzbeutel

GROSSE UTENSILIEN

- Backblech
- Teigroller
- Kuchengitter
- Schneidbrett
- runde Edelstahl-Rührschüssel
- Töpfe, Kasserollen und Pfannen
- Flambierbrenner

KLEINE HAUSHALTSGERÄTE

- Zuckerthermometer
- Multifunktionsküchenmaschine
- Standmixer
- Handrührgerät
- Stabmixer
- hochpräzise Küchenwaage

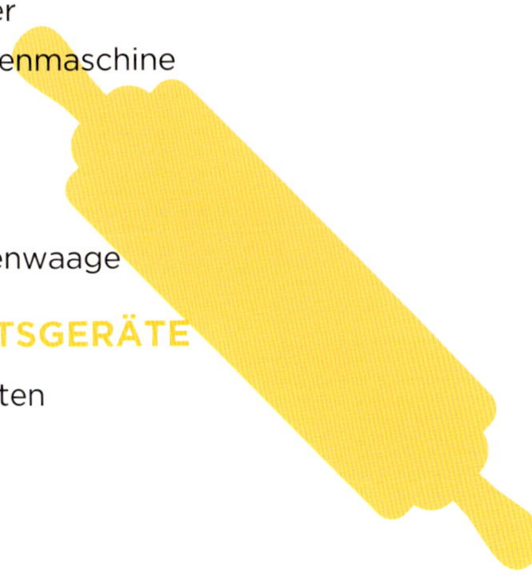

GROSSE HAUSHALTSGERÄTE

- Herd mit Kochplatten
- Ofen
- Mikrowelle
- Kühlschrank
- Gefrierschrank

Zutaten für die Patisserie

Achten Sie bei allen Zutaten in erster Linie auf Qualität – das Ergebnis hängt entscheidend davon ab!
Die meisten Zutaten finden Sie in gut sortierten Supermärkten, einige sind jedoch nur im Fachhandel erhältlich. In Großstädten dürften Spezialgeschäfte für den Patisseriebedarf problemlos zu finden sein. Sie können aber auch alles ganz bequem im Internet bestellen.

Die folgende Tabelle fasst einige Grundlagen zu den am häufigsten verwendeten Mehlsorten zusammen. In diesem Buch wird, falls nicht anders angegeben, Mehl der Type 405 verwendet.

Type	Beschreibung	Verwendung
405	Sehr feines weisses Weizenmehl	Croissants, Pains au Chocolat, Blätterteig, Patisseriewaren, Brioches, Milchbrötchen
550	Weisses Vielzweckweizenmehl	Kuchen und Kekse, Mürbteiggebäck
812	Cremeweisses Weizenmehl	Kuchen, Kekse und helles Brot
1050	Dunkles Weizenmehl	Kuchen, Kekse und rustikales Landbrot

Anmerkung: Glattes Weizenmehl Type 405 und Type 550 wird meist auch für Hefeteig verwendet. Es ist besonders glutenhaltig und macht den Teig elastischer.

Im Folgenden finden Sie eine Liste wichtiger Zutaten, die Sie für die Zubereitung der Rezepte in diesem Buch benötigen, einschließlich der jeweiligen Verwendung. Dabei handelt es sich um Produkte, wie sie im professionellen Patisseriehandwerk verwendet werden.

MYCRYO®-KAKAOBUTTER

Natürliche Kakaobutter in Pulverform.

ZIEHBUTTER

Ziehbutter, auch Tourierbutter genannt, hat einen höheren Fettanteil als normale Butter (84% statt 82%) und eignet sich besonders gut für die Herstellung von Blätterteig.

SCHOKOLADENKUVERTÜRE

Schokolade mit sehr hohem Kakaobutteranteil für die Patisserie und Confiserie.

LEBENSMITTELFARBE

Für einige Rezepte benötigt man zusätzliche Farbe. Lebensmittelfarbe gibt es in flüssiger oder in Pulverform. Welche Sorte besser geeignet ist, hängt vom jeweiligen Rezept ab. Stets gilt jedoch: möglichst sparsam dosieren.

WEISSER FONDANT

Zubereitung auf Basis von Zucker und Wasser mit klebriger, relativ fester, formbarer Konsistenz. Fondant wird hauptsächlich zum Überziehen von Religieuses (eine Art Windbeutel), Eclairs und anderem Gebäck verwendet und dabei häufig auch mit Lebensmittelfarbe eingefärbt.

GLUCOSESIRUP

Nichtkristalliner Zucker in Form eines dickflüssigen, farblosen Sirups.

NEUTRALE GLASUR

Zubereitung auf Basis von Zucker, Wasser und Glucosesirup zum Überziehen von Kuchen, Torten und Gebäck. Sie sorgt für einen schönen Glanz und eine längere Haltbarkeit.

PAILLETÉ FEUILLETINE

Diese flockenartigen Brösel aus hauchdünnen Waffeln, auch Hippenbrösel genannt, verleihen diversen Zubereitungen eine knusprige Konsistenz.

FETTGLASUR

Weiße, hell- oder dunkelbraune schokoladenähnliche Masse zum Überziehen von Gebäck und Entremets (Süßspeisen).

KAKAOPASTE

Eine Masse aus reinem Kakao (100%), die Ganaches, Cremes, Mousses und weiteren Zubereitungen ein kräftiges Kakaoaroma verleiht.

PISTAZIENPASTE

Feste Paste aus gemahlenen Pistazien mit einer schönen grünen Farbe und einem kräftigen Aroma.

CREMEPULVER

Ein Pulver auf Stärkebasis, ähnlich wie Puddingpulver, das für die Zubereitung von Cremes und Flans verwendet wird.

PRALINÉ

Feste Paste aus Mandeln und/oder Haselnüssen, die mit Zucker karamellisiert und anschließend im Mixer zerkleinert werden.

1

2

HINWEIS

Wenn Sie Zuckersirup für ein Rezept benötigen – z.B. um einen Fondant zu verdünnen, eine Pâte à Bombe (Grundlage für Mousse) zuzubereiten oder Biskuitschichten für eine Süßspeise damit zu tränken –, sollten Sie ihn am besten im Voraus zubereiten. Das dauert höchstens drei Minuten. Der Sirup lässt sich problemlos im Kühlschrank 4 Wochen aufbewahren.

4

Definition

Lösung aus Zucker und Wasser, auch Läuterzucker genannt. Die Herstellung von Zuckersirup gehört zu den Grundlagen der professionellen Patisserie.

Wussten Sie schon?

Die Konzentration von Zuckersirup wirkt sich auf seine Konsistenz aus. Gemessen wird sie in Grad Baumé. Man kann sie mit einem Dichtemesser bestimmen. Dies ist aber nicht notwendig, wenn man der folgenden Anleitung folgt.

Sirup mit einer Dichte von 30° Baumé wird am häufigsten verwendet.

Zubereitung: 3 Minuten

Utensilien

Sehr saubere Kasserolle
Backpinsel
Zuckerthermometer

Zutaten

Wasser
Zucker

Zuckersirup

1 Das Wasser in die Kasserolle geben.

2 Den Zucker hinzufügen.

3 Gut umrühren, damit sich der Zucker gut verteilt.

4 Die Mischung zum Kochen bringen, damit sich der Zucker vollständig auflöst.

In dieser Liste finden Sie die Mengenangaben, damit der Zuckersirup die richtige Konzentration für die entsprechende Verwendung erhält.

- 500 ml Wasser + 125 g Zucker = leichter Zuckersirup
- 500 ml Wasser + 175 g Zucker = Zuckersirup 10°
- 500 ml Wasser + 250 g Zucker = Zuckersirup 16°
- 500 ml Wasser + 400 g Zucker = Zuckersirup 20°
- 500 ml Wasser + 675 g Zucker = Zuckersirup 30°

Tipp

Um zu vermeiden, dass sich der Zucker am Topfrand absetzt und dort kristallisiert, sollten Sie, während der Sirup kocht, den Rand mit einem angefeuchteten Pinsel säubern. Die verwendete Kassserolle sollte sehr sauber sein und die passende Grösse für die zubereitete Menge haben. Sie können den Zuckersirup auch mit Fruchtpüree, Kräutern oder alkoholischen Getränken aromatisieren.

UTENSILIEN

Spritztülle
Einwegspritzbeutel
Teigspatel
Teigschaber

Arbeiten mit dem Spritzbeutel

1 Eine Stern- oder Lochtülle bis ans Ende des Kunststoffspritzbeutels schieben.

2 Die überstehende Spitze des Beutels abschneiden.

3 Falls nötig, den Rand des Spritzbeutels um die Tülle herum mit einer Schere zurechtschneiden.

4 Den Beutel über der Tülle mehrmals locker eindrehen, um die obere Öffnung zu verschließen. So kann beim Befüllen nichts auslaufen.

5 Den Spritzbeutel ungefähr in der Mitte halten und das obere Ende über der Hand nach unten einschlagen. Den Spritzbeutel vorsichtig mithilfe eines Teigspatels mit der Spritzmasse füllen. Spatel dabei an der vom Beutel bedeckten Hand abstreichen.

6 Den Beutel gerade ziehen und auf die Arbeitsfläche legen. Mit einem sauberen Teigschaber den Beutelinhalt nach unten schieben, damit die Luft aus dem Beutel entweichen kann.

7 Das obere Ende des Spritzbeutels eindrehen und um den Daumen wickeln. Den Inhalt vorsichtig herausdrücken, und den Beutel zum gleichmäßigen Auftragen der Spritzmasse mit der anderen Hand führen.

TIPP

Je flüssiger der Teig oder die Spritzmasse ist, desto wichtiger ist das in Schritt 4 beschriebene Eindrehen des oberen Endes des Spritzbeutels und desto schwieriger ist das gleichmässige Auftragen von Teig oder Spritzmasse.

HINWEIS

Es lohnt sich, die Handhabung des Spritzbeutels gut zu üben, da Sie diese Technik für die meisten Rezepte benötigen werden.

2

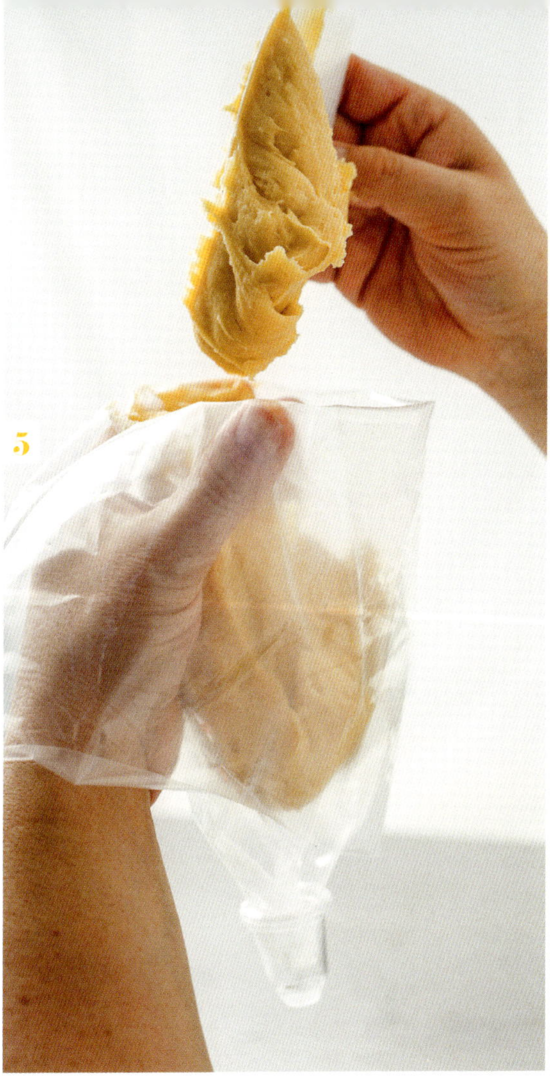

5

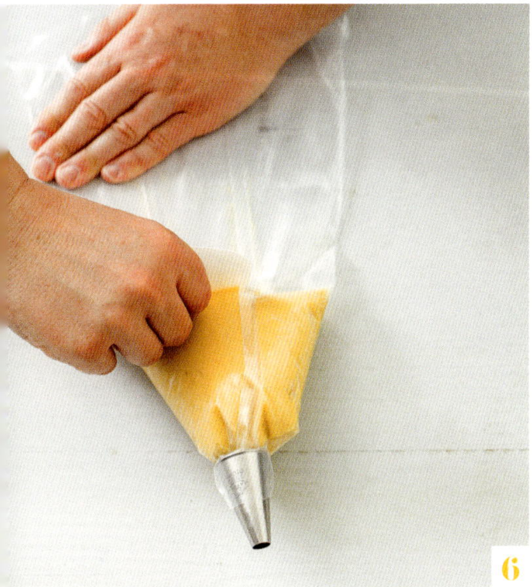

6

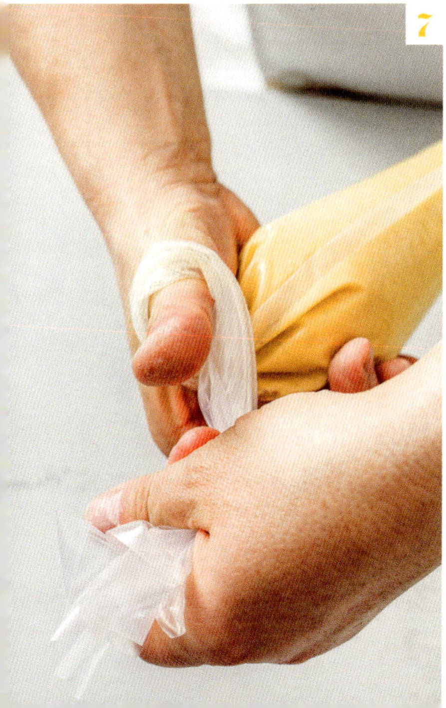

7

7

Mürbteig und Co.

Pâte à Foncer

DEFINITION

Grundteig, der als Basis für jede Art von Tarte verwendet werden kann. Man legt damit eine Tarteform oder einen Tortenring aus.

VERWENDUNG

Flan Pâtissier (S. 41)

Apfel-Tarte (S. 42)

Tarte aux Pommes Grand-Mère (S. 47)

Tarte Bourdaloue (S. 50)

UTENSILIEN

Runde Edelstahl-Rührschüssel

Teigschaber

Frischhaltefolie

Teigroller

Tortenring mit 20 cm Durchmesser (1,5 cm Höhe)

FÜR 1 TORTENRING MIT 20 CM DURCHMESSER

Zubereitung: 10 Minuten

Kühlzeit: 30 Minuten

ZUTATEN

175 g Mehl

90 g Butter und etwas Butter für den Tortenring

20 g Eigelb, 20 ml Milch

20 g Zucker, 3 g Salz

1 Alle Zutaten vorbereiten und abwiegen.

2 Mehl und Butter mit den Fingerspitzen zu einer krümeligen, sandigen Masse verarbeiten.

3 Eigelb und Milch mit dem Schneebesen verrühren und zur Mehlmischung geben.

4 Zucker und Salz hinzufügen.

5 Alles rasch vermischen.

6 Den Teig kneten. Dabei mit den Handballen zusammenschieben und flach drücken, damit sich die Zutaten gut vermischen, ohne dass der Teig elastisch wird. Den Teig in Frischhaltefolie einwickeln und 30 Minuten im Kühlschrank ruhen lassen.

7 Den Tortenring auf der Innenseite einfetten.

8 Den Teig mit dem Teigroller 3 bis 4 Millimeter dick ausrollen.

9 Die Teigränder abschneiden, bis der Teigkreis die gewünschte Größe hat.

10 Den Teigkreis auf den Tortenring setzen.

11 Den Tortenring mit dem Teig auslegen, sodass er sich überall gut an die Form anpasst.

12 Den Teigroller über den Rand des Tortenrings ziehen, um den überschüssigen Teig zu entfernen.

13 Den Teig an den Seiten leicht festdrücken, damit ein sauberer Rand entsteht.

TECHNIKEN

Teig krümelig kneten, von Hand kneten, ausrollen, Tortenring mit Teig auslegen

TIPP

Arbeitsfläche und Teigroller leicht bemehlen, damit der Teig beim Ausrollen nicht kleben bleibt.

HINWEIS

Die Zubereitung des Teigs dauert nicht länger als 10 Minuten. Teig vor der Verwendung kühl stellen.

2

3

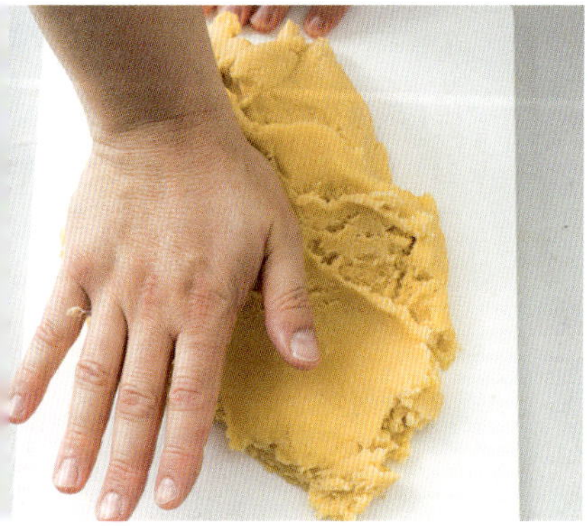

8

ᴐas Einfetten des Torten-
ıings sorgt dafür, dass der
Teig sich später leichter
ıus der Form lösen lässt.

7

10

ig an den Seiten leicht
tdrücken, damit ein
ıberer Rand entsteht.

11

12

13

DEFINITION

Süsser, relativ weicher Mürbteig für Tarteböden, etwas technischer in der Zubereitung als Pâte Sablée (S. 21)

VERWENDUNG

Zitronen-Tarte mit Baiser (S. 55)

Schokoladen-Tarte (S. 58)

Erdbeer-Sahne-Tarte (S. 63)

UTENSILIEN

Rührschüssel

Schneebesen

Teigschaber

Frischhaltefolie

Teigroller

Tortenring mit 20cm Durchmesser (1,5cm Höhe)

Gabel oder Stipproller

FÜR 1 TORTENRING MIT 20CM DURCHMESSER

Zubereitung: 15 Minuten

Ruhezeit: 1 Stunde im Kühlschrank oder 10 Minuten im Gefrierschrank

ZUTATEN

100g gesalzene Butter und etwas Butter für den Tortenring

70g Puderzucker

1g Salz, 35g Ei

175g Mehl

28g gemahlene Mandeln

Pâte Sucrée

1 Die Butter mit dem Schneebesen weich und cremig schlagen.

2 Puderzucker und Salz dazugeben und alles mit dem Schneebesen oder dem Spatel kräftig mischen.

3 Das Ei hinzufügen.

4 Das Mehl und die gemahlenen Mandeln dazugeben und alles rasch mit den Händen oder mit dem Spatel vermischen. Nicht zu lange mischen, damit der Teig nicht elastisch wird.

5 Den Teig mit dem Teigschaber zusammenschieben und auf Frischhaltefolie legen.

6 Flach drücken und mit Frischhaltefolie bedecken.

7 1 Stunde im Kühlschrank oder 10 Minuten im Gefrierschrank ruhen lassen.

8 Den Teig mit dem Teigroller ausrollen, mehrmals einstechen und einen gefetteten Tortenring damit auslegen (siehe Technik S. 16).

TECHNIKEN

Butter cremig rühren, Teig ausrollen und Tortenring mit Teig auslegen

TIPP

Sie können zusammen mit dem Mehl auch etwas abgeriebene Schale von einer unbehandelten Zitrone dazugeben.

HINWEIS

Warten Sie mit dem Ausrollen, bis der Teig sehr kalt ist, weil er sonst anklebt. Sollte er noch etwas zu klebrig sein, rollen Sie ihn zwischen zwei Lagen Backpapier aus.

1

4

5

6

1

3

4

5

6

DEFINITION

Sandiger, leicht krümeliger Mürbteig für Tarteböden, sehr einfach herzustellen. Eignet sich sehr gut für fruchtige Tartes

VERWENDUNG

Heidelbeer-Tarte (S. 66)

UTENSILIEN

Rührschüssel
Teigschaber
Teigroller
Frischhaltefolie
Tortenring mit 20cm Durchmesser (1,5cm Höhe)
Gabel oder Stipproller

FÜR 1 TORTENRING MIT 20CM DURCHMESSER

Zubereitung: 15 Minuten
Ruhezeit: 1 Stunde im Kühlschrank oder 10 Minuten im Gefrierschrank

ZUTATEN

250g Mehl
175g Butter und etwas Butter für den Tortenring
5g Salz
10g Puderzucker
50g Ei

Pâte Sablée

1. Mehl, Butter, Salz und Puderzucker krümelig kneten. Dabei die Zutaten mit den Fingerspitzen zu einer sandigen Masse verarbeiten.
2. Teig zusammenschieben und in die Mitte eine Mulde drücken.
3. Ei in die Mulde geben.
4. Alles rasch mit den Händen vermischen, ohne dass der Teig dabei elastisch wird.
5. Teig von Hand kneten. Dabei mit den Handballen zusammenschieben und flach drücken, damit sich die Zutaten gut vermischen, ohne dass der Teig dabei elastisch wird.
6. Teig mit dem Teigschaber zusammenschieben und auf Frischhaltefolie legen.
7. Flach drücken und mit Frischhaltefolie bedecken. 1 Stunde im Kühlschrank oder 10 Minuten im Gefrierschrank ruhen lassen.
8. Teig ausrollen, mehrmals einstechen und einen gefetteten Tortenring damit auslegen (siehe Technik S. 16).

TECHNIKEN

Mürbteig krümelig kneten, von Hand kneten, ausrollen, Tortenring mit Teig auslegen

TIPP

Der Teig lässt sich mit Gewürzen aromatisieren.

HINWEIS

Warten Sie mit dem Ausrollen, bis der Teig sehr kalt ist, weil er sonst anklebt. Sollte er noch etwas zu klebrig sein, rollen Sie ihn zwischen zwei Lagen Backpapier aus.

Pâte Brisée

DEFINITION

Ein einfacher, schnell zubereiteter Teig für Tarteböden, der sich sowohl für süsse als auch für salzige Backwaren eignet (im letzteren Fall ohne den Puderzucker)

VERWENDUNG

Tarte Amandine mit Himbeeren (S. 36)

UTENSILIEN

Rührschüssel
Teigschaber
Frischhaltefolie
Teigroller
Gabel oder Stipproller
Tortenring mit 18cm Durchmesser (1,5cm Höhe)
Officemesser

FÜR 1 TORTENRING MIT 18CM DURCHMESSER

Zubereitung: 15 Minuten
Ruhezeit: 1 Stunde im Kühlschrank oder 10 Minuten im Gefrierschrank

ZUTATEN

150g Butter und etwas Butter für den Tortenring
250g Mehl
5g Salz
10g Puderzucker
Mark von 1/2 Vanilleschote
50g Ei
25ml Milch

1. Butter, Mehl, Salz, Puderzucker und Vanillemark krümelig kneten. Die Zutaten mit den Fingerspitzen zu einer krümeligen Masse verarbeiten.
2. Die flüssigen Zutaten – Ei und Milch – dazugeben.
3. Alles rasch mit den Händen vermischen. Der Teig darf nicht elastisch werden.
4. Den Mürbteig einmal von Hand kneten: Mit den Handballen zusammenschieben und flach drücken, damit sich die Zutaten gut mischen, ohne dass der Teig elastisch wird.

TECHNIKEN

Mürbteig krümelig kneten, von Hand kneten, ausrollen, Tortenring damit auslegen

TIPP

Dieser Teig ist ideal für fruchtige Tartes.

1

2

3

Pâte Brisée

5 Den Teig mit dem Teigschaber zusammenbringen und auf Frischhaltefolie setzen.

6 Flach drücken und mit Frischhaltefolie bedecken.

7 1 Stunde im Kühlschrank oder 10 Minuten im Gefrierschrank ruhen lassen.

8 Den Teig mit einem Teigroller ausrollen.

9 Den Teig auf der gesamten Fläche mit einem Stipproller oder einer Gabel einstechen.

10 Einen gefetteten Tortenring damit auslegen (siehe Technik S. 16).

11 Den überstehenden Teigrand mit einem kleinen Officemesser abschneiden.

HINWEIS

Warten Sie mit dem Ausrollen, bis der Teig sehr kalt ist, weil er sonst anklebt. Sollte er noch etwas zu klebrig sein, rollen Sie ihn zwischen zwei Lagen Backpapier aus.

4

5

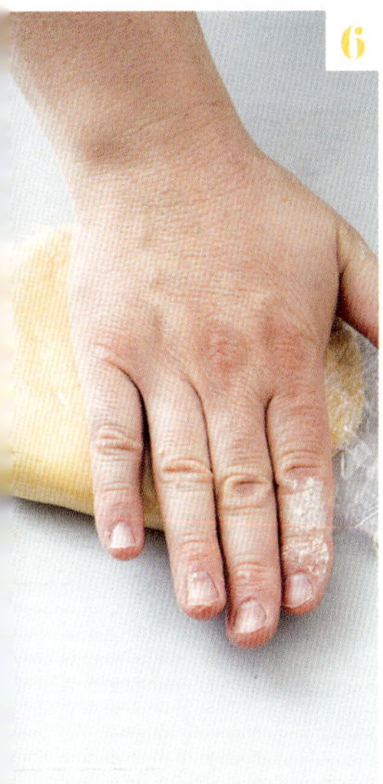
6

8

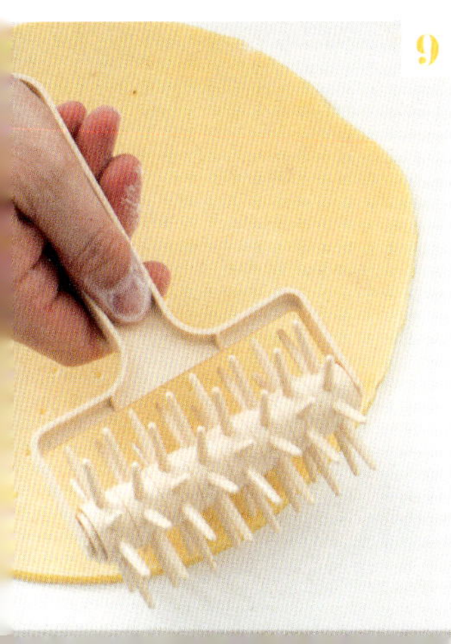
9

11

1

2

4

6

7

DEFINITION

Krümeliger, sandiger Mürbteig, wird verwendet für Obst-Crumbles oder für das knusprige Craquelin zum Garnieren von Windbeuteln

VERWENDUNG

Himbeer-Sahne-Windbeutel (S. 76)
Pistazien-Eclairs (S. 81)
Schokoladen-Religieuses (S. 84)
Salambos (S. 93)

UTENSILIEN

Küchenmaschine mit Rührblatt
Teigschaber
Acetatfolie
Teigroller
Ausstecher

ERGIBT 385G

Zubereitung: 15 Minuten
Ruhezeit: 1 Stunde

ZUTATEN

115g Butter
135g Rohrohrzucker
135g Mehl

Crumble-Teig und Craquelin

1. Backofen auf 180 °C vorheizen. Die Zutaten in einer Küchenmaschine mit Rührblatt zu einer krümeligen, sandigen Masse verarbeiten.
2. So lange weiterrühren, bis eine homogene Masse entsteht.
3. Für Obst-Crumble: Den Teig grob über die vorbereiteten Früchte krümeln und im vorgeheizten Backofen backen.
4. Für Craquelin: Teig zwischen zwei Lagen Acetatfolie mit einem Teigroller sehr dünn ausrollen.
5. 1 Stunde im Gefrierschrank kühl stellen.
6. Aus dem noch tiefgefrorenen Teig mit einem runden Ausstecher Kreise in der Größe der Windbeutel ausstechen.
7. Die Teigkreise auf den frisch dressierten Brandteig aufsetzen.

TECHNIKEN

Teig krümelig kneten und ausrollen

TIPP

Sie können einen Teil Mehl durch gemahlene Nüsse wie Mandeln, Pistazien oder Haselnüsse ersetzen.
Wenn Sie gesalzene Butter verwenden, wird der Teig besonders köstlich.

HINWEIS

Teig direkt vor dem Ausstechen aus dem Gefrierschrank holen und schnell arbeiten, damit er nicht am Ausstecher anklebt. Erst eine Hälfte der Craquelins ausstechen und aufsetzen und übrigen Teig wieder 15 Minuten einfrieren. Craquelins noch tiefgefroren auf den Brandteig setzen.

FÜR 60 SABLÉS

ZUBEREITUNG: 25 MINUTEN
GARZEIT: 18 MINUTEN
RUHEZEIT: 1 STUNDE IM KÜHLSCHRANK ODER
10 MINUTEN IM GEFRIERSCHRANK + ZEIT ZUM ABKÜHLEN

Sablés Diamant Vanille

UTENSILIEN

Mehlsieb
Küchenmaschine mit Rührblatt
Rührschüssel
Teigspatel
Teigschaber
Backblech
Messer

ZUTATEN

260 g Mehl (Type 550) und etwas Mehl für die Arbeitsfläche
1,5 g Backpulver
150 g gesalzene Butter und etwas Butter für das Blech
50 g Zucker
2 g Fleur de Sel
Mark von 1 Vanilleschote
63 g Sahne
20 g Eigelb
300 g Rohrohrzucker oder grober Kristallzucker

TECHNIKEN

Teig krümelig kneten und von Hand kneten

TIPP

Sie können den Teig auch mit Gewürzen oder geriebenen Zitrusschalen aromatisieren. Er lässt sich roh sehr gut im Gefrierschrank aufbewahren.

HINWEIS

Je kälter der Teig, desto besser behält er beim Schneiden die Form und desto regelmäßiger werden die Sablés.

Sablés Diamant Vanille

1 Backofen auf 160 °C vorheizen.

2 Mehl und Backpulver sieben.

3 In einer Küchenmaschine mit Rührblatt Butter, Mehl und Backpulver, Zucker, Fleur de Sel und Vanillemark krümelig kneten, bis eine sandige Masse entsteht.

4 Sahne und Eigelb dazugeben.

5 Alles rasch vermischen, dabei nicht zu lange rühren.

6 Den Mürbteig auf einer bemehlten Arbeitsfläche von Hand kneten: Mit den Handballen den Teig zusammenschieben und flach drücken, damit sich die Zutaten gut vermischen, ohne dass der Teig elastisch wird.

7 Aus dem Teig mehrere Rollen mit 3 Zentimetern Durchmesser formen.

8 Die Teigrollen in Rohrohrzucker oder grobem Kristallzucker wälzen.

9 Die Rollen 1 Stunde im Kühlschrank oder 10 Minuten im Gefrierschrank kühl stellen.

10 Die sehr kalten Teigrollen in 8 Millimeter dicke Scheiben schneiden.

11 Die Scheiben mit etwas Abstand versetzt auf ein gefettetes Backblech setzen.

12 Etwa 18 Minuten im vorgeheizten Backofen backen.

13 Die Sablés vorsichtig vom Blech lösen und auf ein Kuchengitter setzen, damit sie ihre knusprige Konsistenz behalten.

14 Die Sablés vollständig abkühlen lassen und in eine verschließbare Dose füllen. Luftdicht verpackt, lassen sie sich etwa 1 Woche lang aufbewahren.

3

4

5

8

10

Die Sablés lassen sich besser schneiden, wenn der Teig sehr kalt ist.

11

Zubereitung: 45 Minuten
Garzeit: 15 bis 20 Minuten
Ruhezeit: 1 Stunde im Kühlschrank oder 10 Minuten im Gefrierschrank + Zeit zum Abkühlen

Schwarz-Weiß-Sablés

Utensilien

Mehlsieb
Küchenmaschine mit Rührblatt
Rührschüssel
Teigspatel
Teigschaber
Backblech
Messer
2 Teigstäbe mit 1 cm Höhe
Teigroller
Backpinsel
Acetatfolie

Zutaten

1 verquirltes Ei zum Bepinseln
etwas Butter für das Blech

Vanille-Sablés

250 g Mehl
100 g Butter und
50 g gesalzene Butter
100 g Puderzucker
50 g gemahlene Mandeln
Mark von 1 Vanilleschote
50 g Eigelb

Schokoladen-Sablés

240 g Mehl
100 g Butter und
50 g gesalzene Butter
30 g gemahlene Mandeln
100 g Puderzucker
25 g Kakaopulver
50 g Eigelb

Techniken

Mürbteig krümelig kneten, von Hand kneten und ausrollen

Tipp

Für das Muster dieser Sablés gibt es zahlreiche Varianten, etwa Spiralen oder Yin-und-Yang-Formen.

HINWEIS

Je kälter der Teig , desto besser behält er beim Schneiden die Form und desto regelmäßiger wird das Muster.

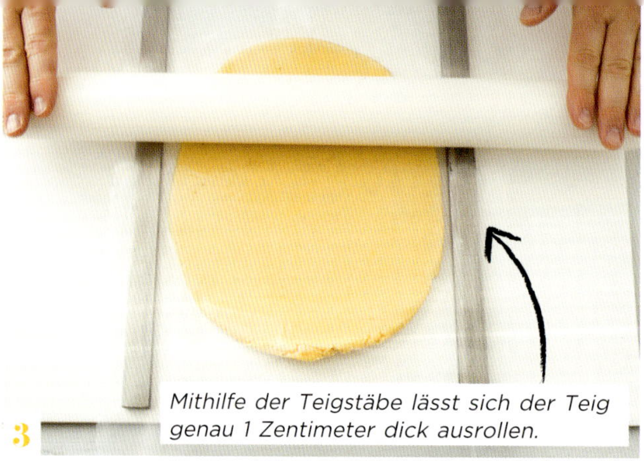

3

Mithilfe der Teigstäbe lässt sich der Teig genau 1 Zentimeter dick ausrollen.

4

5

6

Durch das Bepinseln mit Eigelb haften die Teigstreifen gut aneinander.

10

11

12

14

15

Schwarz-Weiß-Sablés

1 **Vanille-Sablés**

Den Vanilleteig nach Anleitung für Sablés Diamant Vanille (S. 28) bis Schritt 6 herstellen. 1 Stunde im Kühlschrank oder 10 Minuten im Gefrierschrank ruhen lassen.

2 **Schokoladen-Sablés**

Den Teig für die Schokoladen-Sablés genauso zubereiten, aber in Schritt 3 das Kakaopulver hinzufügen. 1 Stunde im Kühlschrank oder 10 Minuten im Gefrierschrank ruhen lassen.

3 Für die Umrandung der Sablés ausreichend Vanilleteig beiseitelegen. Mithilfe zweier Teigstäbe beide Teigsorten zu zwei gleich großen, 1 Zentimeter dicken Rechtecken ausrollen.

4 Jedes Teigrechteck in 1 Zentimeter breite Streifen schneiden.

5 Von allen Seiten mit verquirltem Eigelb bepinseln.

6 Die Teigstreifen abwechselnd neben- und übereinanderschichten.

7 Den Teigquader mindestens 1 Stunde im Kühlschrank oder 10 Minuten im Gefrierschrank ruhen lassen, damit der Teig abkühlt und sich anschließend sauber schneiden lässt.

8 Den restlichen Vanilleteig auf Acetatfolie 2 Millimeter dick ausrollen.

9 Mit verquirltem Eigelb bepinseln.

10 Das Teigschachbrett noch kalt in die Mitte setzen.

11 Den Vanilleteig genau auf die Breite des Quaders zurechtschneiden.

12 Den Quader in den Vanilleteig einwickeln. Die Ränder gut zusammendrücken.

13 Erneut kühl stellen. Backofen auf 170 °C vorheizen.

14 Den Teig in saubere 1 Zentimeter dicke Scheiben schneiden.

15 Die Sablés auf ein gefettetes Backblech setzen.

16 15 bis 20 Minuten im vorgeheizten Backofen backen.

17 Die Sablés vorsichtig vom Blech lösen und auf ein Kuchengitter setzen, damit sie ihre knusprige Konsistenz behalten.

18 Die Sablés vollständig abkühlen lassen und in eine verschließbare Dose füllen. Luftdicht verpackt, lassen sie sich bis zu 1 Woche aufbewahren.

FÜR 1 TARTE MIT 18CM DURCHMESSER

Zubereitung: 45 Minuten
Garzeit: 45 Minuten
Ruhezeit: 1 Stunde im Kühlschrank oder 10 Minuten im Gefrierschrank + Zeit zum Abkühlen

Tarte Amandine mit Himbeeren

UTENSILIEN

Rührschüsseln
Teigschaber
Frischhaltefolie
Teigroller
Stipproller
Tortenring mit 18cm Durchmesser (1,5cm Höhe)
Officemesser
Backblech
Schneebesen
Kuchengitter
Winkelpalette
Backpinsel
Puderzuckersieb

ZUTATEN

PÂTE BRISÉE

150g Butter und etwas Butter für den Tortenring
250g Mehl
5g Salz
10g Puderzucker
Mark von 1/2 Vanilleschote
50g Ei
25ml Milch

CRÈME D'AMANDE

65g Butter
35g Zucker
Mark von 1/2 Vanilleschote
50g Ei
65g gemahlene Mandeln
5g Mehl
5ml Rum

GARNIEREN UND ANRICHTEN

125g tiefgekühlte Himbeeren und 125g frische Himbeeren
10g Mandelblättchen
100g Framboises Pépins (S. 288)
30g neutrale Glasur
25g Kokosraspel
Puderzucker
einige frische Minzeblätter

TECHNIKEN

Mürbteig krümelig kneten, von Hand kneten und ausrollen, Tortenring damit auslegen

VERWENDETE GRUNDREZEPTE

Pâte Brisée (S. 22)
Crème d'Amande (S. 226)
Framboises Pépins (S. 288)

TIPP

Sie können auch andere Obstsorten verwenden, die nicht zu wasserhaltig sind, wie Birnen, Äpfel, Heidelbeeren oder Kirschen.

Tarte Amandine mit Himbeeren

1 **Pâte Brisée**
Grundrezept Pâte Brisée herstellen und einen gefetteten Tortenring damit auslegen (S. 22). Auf ein Backblech setzen.

2 **Crème d'Amande**
Grundrezept Crème d'Amande zubereiten (S. 226).

3 Backofen auf 170 °C vorheizen.

4 **Garnieren und anrichten**
Die tiefgekühlten Himbeeren zerdrücken und in die Crème d'Amande geben.

5 Mit einem Teigspatel mischen.

6 Die Crème auf den Tarteboden geben.

7 Mit der Winkelpalette glatt streichen.

8 Mit Mandelblättchen bestreuen.

9 Die Tarte 30 bis 35 Minuten im vorgeheizten Backofen backen. Auf einem Kuchengitter abkühlen lassen.

10 Eine Schicht Framboises Pépins (S. 288) auf die Tarte geben. Mit der Winkelpalette glatt streichen.

11 Den äußeren Rand der Tarte mit neutraler Glasur bepinseln.

12 Den Tarterand mit Kokosraspeln überziehen.

13 Die Tarte mit einem Kreis aus frischen gewaschenen, trocken getupften Himbeeren garnieren.

14 Die Himbeeren durch ein feines Sieb mit Puderzucker bestäuben.

15 Einige Himbeeren nur mit dem oberen Rand in Puderzucker tauchen und in die Mitte der Tarte setzen. Mit einigen Minzeblättern dekorieren.

Himbeeren am besten tiefgekühlt zerkleinern.
4

5

7

8

10

Die Glasur sorgt dafür, dass die Kokosraspel am Rand der Tarte haften bleiben.
11

12

11

2

3

6

7

TECHNIKEN

Mürbteig krümelig kneten, von Hand kneten und ausrollen, Tortenring damit auslegen, Mischung hell und schaumig rühren, abgebundene Creme zubereiten

VERWENDETE GRUNDREZEPTE

Pâte à Foncer (S. 16)
Crème Caramel (S. 218)

TIPP

Sie können den Flan auch mit nicht zu wasserhaltigem Obst verfeinern, z.B. mit Aprikosen, gedünsteten Äpfeln, Rosinen oder Pflaumen, oder ihn mit Kakao, Pistazien oder Kaffee aromatisieren.

FÜR 1 FLAN MIT 20CM DURCHMESSER

ZUBEREITUNG: 1 STUNDE
GARZEIT: 1 STUNDE UND 10 MINUTEN
RUHEZEIT: 30 MINUTEN + KÜHLZEIT

LIEBLINGSREZEPT von Damien

Flan Pâtissier

UTENSILIEN

Rührschüsseln
Teigschaber
Frischhaltefolie
Teigroller
Tortenring mit 20cm Durchmesser (4,5cm Höhe)
Backblech
Kasserolle
Schneebesen
Teigspatel
Winkelpalette

ZUTATEN

PÂTE À FONCER

175g Mehl und etwas Mehl zum Bestäuben
90g Butter und etwas Butter für den Tortenring
20g Eigelb, 20ml Milch
20g Zucker
3g Salz

CRÈME CARAMEL

500ml Milch
125g Sahne
80g Zucker
50g gesalzene Butter
Mark von 3 Vanilleschoten
100g Eigelb
50g Cremepulver

1 **Pâte à Foncer**

Grundrezept Pâte à Foncer bis zu Schritt 6 zubereiten (S. 16).

2 Den Teig mit einem Teigroller 4 bis 5 Millimeter dick ausrollen und leicht mit Mehl bestäuben.

3 Einen gefetteten Tortenring mit dem Teig auslegen (siehe Technik S. 16).

4 Den Teig auf ein Backblech setzen und im Gefrierschrank kühl stellen. Inzwischen die Crème Caramel zubereiten.

5 **Crème Caramel**

Grundrezept Crème Caramel zubereiten (S. 218).

6 Die Crème noch warm auf den tiefgekühlten Tarteboden geben.

7 Mit einer Winkelpalette glatt streichen.

8 30 Minuten bei Raumtemperatur ruhen lassen.

9 Backofen auf 180 °C vorheizen.

10 Flan Pâtissier etwa 1 Stunde im vorgeheizten Backofen backen.

HINWEIS

Bereiten Sie den Flan Pâtissier immer ausreichend lang im Voraus zu. Schließlich haben Sie die Ruhezeit vor dem Backen und die Kühlzeit vor dem Servieren zu berücksichtigen.

FÜR 1 TARTE MIT 20CM DURCHMESSER

ZUBEREITUNG: 1 STUNDE
GARZEIT: 55 MINUTEN
RUHEZEIT: 30 MINUTEN + ZEIT ZUM ABKÜHLEN

LIEBLINGSREZEPT von Damien

Apfel-Tarte

UTENSILIEN

Rührschüssel
Teigschaber
Frischhaltefolie
Teigroller
Tortenring mit 20cm Durchmesser (1,5cm Höhe)
Backblech
Tartekneifer
Messer
Kuchengitter
Schneidbrett
flache Form
Kasserolle
Teigspatel
Backpinsel

ZUTATEN

PÂTE À FONCER

175g Mehl
90g Butter und etwas Butter für den Tortenring
20g Eigelb
20ml Milch
20g Zucker
3g Salz

APFELKOMPOTT

400g Äpfel
30ml Wasser, 30g Zucker
Mark von 1/2 Vanilleschote
50g Butter

GARNIEREN UND ANRICHTEN

3–4 Äpfel
100g Butter
25g Honig
Mark von 1 Vanilleschote
50g neutrale Glasur

TECHNIKEN

Mürbteig krümelig kneten, von Hand kneten und ausrollen, Tortenring damit auslegen, Äpfel in dünne Scheiben schneiden.

VERWENDETE GRUNDREZEPTE

Pâte à foncer (S. 16)

TIPP

Sie können auch etwas Zimtpulver dazugeben, ein Gewürz, das sehr gut mit den Äpfeln harmoniert.

HINWEIS

Wenn Sie das Apfelkompott während der Ruhe- und Kühlzeit für den Mürbteigboden zubereiten, sparen Sie Zeit.

Apfel-Tarte

1 **Pâte à Foncer**

Grundrezept Pâte à Foncer zubereiten, ausrollen und einen gefetteten Tortenring damit auslegen (S. 16). Auf ein Backblech setzen.

2 Mit einem Tartekneifer ein regelmäßiges Muster in den Teigrand drücken.

3 **Apfelkompott**

Die Äpfel schälen und in Stücke schneiden.

4 Zusammen mit Wasser, Zucker und Vanillemark in eine Kasserolle geben und bei mittlerer Hitze etwa 10 Minuten kochen.

5 Vom Herd nehmen, die Butter hinzugeben und alles mischen.

6 Das Kompott zum Abkühlen in eine flache Form geben. Die Oberfläche mit Frischhaltefolie abdecken.

7 Das Apfelkompott auf den Tarteboden geben.

8 **Garnieren und anrichten**

Die Äpfel schälen und halbieren. Jede Hälfte in sehr dünne Scheiben schneiden.

9 Die Apfelscheiben auf dem Apfelkompott zu einer Rosette anordnen.

10 Weiter innen zwei weitere kleinere Rosetten formen. Die letzten Apfelscheiben zu einem Kreis anordnen.

11 Backofen auf 170 °C vorheizen.

12 Butter, Honig und Vanillemark in einer Kasserolle erhitzen.

13 Die Tarte mit der noch warmen Mischung bepinseln.

14 Die Tarte etwa 45 Minuten im vorgeheizten Backofen backen.

15 Mit einem Pinsel die Tarte mit einer Schicht neutraler Glasur überziehen.

2

4

ir die Garprobe mit
nem Messer einstechen.

5

7

8

9

10

e erste Scheibe der Rosette mit der
esserspitze anheben und die letzte
:heibe darunterschieben.

13

15

FÜR 1 TARTE MIT 20CM DURCHMESSER

Zubereitung: 50 Minuten

Garzeit: 1 Stunde

Ruhezeit: 30 Minuten + Zeit zum Abkühlen

Tarte aux Pommes Grand-Mère

UTENSILIEN

Rührschüssel
Teigschaber
Frischhaltefolie
Teigroller
Tortenring mit 20cm Durchmesser (4,5cm Höhe)
Backblech
Officemesser
Schneidbrett
Kuchengitter
Schneebesen
Kasserolle
Schöpfkelle
Puderzuckersieb

ZUTATEN

PÂTE À FONCER

175g Mehl
90g Butter und etwas Butter für den Tortenring
20g Eigelb, 20ml Milch
20g Zucker, 3g Salz

ÄPFEL

4 Äpfel

APPAREIL NORMAND

125g Butter
125g Zucker
4 Eier, 100g Sahne
Mark von 1 Vanilleschote
Puderzucker

GARNIEREN UND ANRICHTEN

1 Vanilleschote

HINWEIS

Schneiden Sie während der Ruhezeit für die Pâte à Foncer die Äpfel und bereiten Sie den Appareil Normand zu. Beginnen Sie früh genug, da die Tarte bis zum Servieren abkühlen muss.

TECHNIKEN

Mürbteig krümelig kneten, von Hand kneten und ausrollen, Tortenring damit auslegen, Äpfel in Scheiben schneiden

VERWENDETE GRUNDREZEPTE

Pâte à Foncer (S. 16).

TIPP

Sie können statt der Äpfel auch Birnen, Pflaumen oder Mangos verwenden.

3

5

7

10

Tarte aux Pommes Grand-Mère

1 **Pâte à Foncer**

Grundrezept Pâte à Foncer zubereiten, ausrollen und einen gefetteten Tortenring damit auslegen (S. 16). Auf ein Backblech setzen.

2 **Äpfel**

Die Äpfel schälen und in Scheiben schneiden.

3 Die Apfelscheiben auf dem Tarteboden zu einer Rosette anordnen, in der Mitte eine kleine Rosette formen.

4 **Appareil Normand**

Butter und Zucker in einer Kasserolle erhitzen. Backofen auf 170 °C vorheizen.

5 Eier und Sahne mit einem Schneebesen verrühren.

6 Das Vanillemark und die zerlassene Butter-Zucker-Mischung dazugeben und alles vermengen.

7 Die Masse über die Äpfel gießen.

8 Die Tarte etwa 1 Stunde im vorgeheizten Backofen backen.

9 Aus der Form lösen und auf einem Kuchengitter abkühlen lassen.

10 Den Rand der Tarte durch ein feines Sieb mit Puderzucker bestäuben.

11 Die Tarte mit einer Vanilleschote dekorieren.

FÜR 1 TARTE MIT 20CM DURCHMESSER

ZUBEREITUNG: 1 STUNDE
GARZEIT: 45 MINUTEN
RUHEZEIT: 30 MINUTEN + ZEIT ZUM ABKÜHLEN

Tarte Bourdaloue

UTENSILIEN

Rührschüsseln
Teigschaber
Frischhaltefolie
Teigroller
Tortenring mit 20cm Durchmesser (1,5cm Höhe)
Silikonbackmatte
Kuchengitter
Officemesser
Schneidbrett
Schneebesen
Sparschäler
Kugelausstecher
Winkelpalette
Backpinsel
Puderzuckersieb

ZUTATEN

PÂTE À FONCER

175g Mehl
90g Butter und etwas Butter für den Tortenring
20g Eigelb
20ml Milch
20g Zucker
3g Salz

BIRNEN

8 Birnenhälften in Sirup

CRÈME D'AMANDE

65g Butter
35g Zucker
50g Ei
65g gemahlene Mandeln
5g Mehl
5ml Rum
Mark von 1/2 Vanilleschote

GARNIEREN UND ANRICHTEN

1 Mini-Birne in Sirup
25g Mandelblättchen
25g neutrale Glasur
Puderzucker

TECHNIKEN

Mürbteig krümelig kneten, von Hand kneten und ausrollen, Tortenring damit auslegen, Birnen in Scheiben schneiden, Butter cremig rühren

VERWENDETE GRUNDREZEPTE

Pâte à foncer (S. 16)
Crème d'amande (S. 226)

TIPP

Sie können die Birnenhälften und die Mini-Birne in Sirup selbst zubereiten, indem Sie die Birnen in einem Zuckersirup 15° (aus 685g Zucker und 1l Wasser) pochieren.

Tarte Bourdaloue

1 **Pâte à Foncer**

Grundrezept Pâte à Foncer zubereiten, ausrollen, einstechen und einen gefetteten Tortenring damit auslegen (S. 16). Auf eine Silikonbackmatte auf einem Kuchengitter setzen.

2 **Birnen**

Die Birnen in gleichmäßige 2 Millimeter dicke Scheiben schneiden und die Form der Birnenhälften dabei beibehalten.

3 **Crème d'Amande**

Grundrezept Crème d'Amande zubereiten (S. 226).

4 Backofen auf 170 °C vorheizen.

5 Die Crème d'Amande auf den Tarteboden geben.

6 Mit einer Winkelpalette glatt streichen.

7 Mithilfe einer Winkelpalette die in Scheiben geschnittenen Birnenhälften in einer Rosette auf der Crème d'Amande anordnen, sodass jeweils das schmalere Ende in die Mitte der Tarte zeigt.

8 Mini-Birne in die Mitte der Tarte setzen.

9 Einige Mandelblättchen zwischen die Birnen streuen, sodass die Crème d'Amande noch zu sehen ist.

10 Die Tarte etwa 45 Minuten im vorgeheizten Backofen backen.

11 Falls nötig, den Rand der Tarte mit dem Sparschäler glätten. Die Tarte auf einem Kuchengitter abkühlen lassen.

12 **Garnieren und anrichten**

Die Tarte mit neutraler Glasur bepinseln.

13 Die Mandelblättchen durch ein feines Sieb mit Puderzucker bestäuben.

HINWEIS

Schneiden Sie während der Ruhezeit für die Pâte à Foncer die Birnen und bereiten Sie die Crème d'Amande zu. Berücksichtigen Sie die Kühlzeit, denn die Tarte Bourdaloue wird lauwarm serviert.

2

6

7

9

12

13

FÜR 1 TARTE MIT 20CM DURCHMESSER

Zubereitung: 1 Stunde
Garzeit: 25 bis 35 Minuten
Ruhezeit: 1 Stunde im Kühlschrank oder 10 Minuten im Gefrierschrank + Zeit zum Abkühlen

Zitronen-Tarte mit Baiser

UTENSILIEN

Rührschüssel
Schneebesen
Teigschaber
Frischhaltefolie
Teigroller
Tortenring mit 20cm Durchmesser (1,5cm Höhe)
Kuchengitter
Backblech
Kasserolle
flache Form
Winkelpalette
Zuckerthermometer
Backpinsel
Küchenmaschine mit Schneebesen
Spritzbeutel
Sterntülle
Küchenreibe
Lochtülle
Flambierbrenner
Puderzuckersieb

ZUTATEN

PÂTE SUCRÉE

100g gesalzene Butter und etwas Butter für den Tortenring
70g Puderzucker
1g Salz
35g Ei
175g Mehl
28g gemahlene Mandeln

ZITRONENCREME

75ml Zitronensaft und abgeriebene Schale von 1 unbehandelten Zitrone
55g Ei
75g Zucker
120g Butter

ITALIENISCHES BAISER

30ml Wasser
150g Zucker
90g Eiweiss

GARNIEREN UND ANRICHTEN

1 unbehandelte Zitrone oder Limette
Puderzucker
Basilikumblätter

TECHNIKEN

Teig ausrollen, Tortenring auskleiden, Butter cremig rühren, Zuckersirup herstellen (S. 11), Mischung schaumig rühren, Spritzbeutel befüllen, dressieren

VERWENDETE GRUNDREZEPTE

Pâte Sucrée (S. 18)
Italienisches Baiser (S. 186)

TIPP

Wenn Sie den rohen Teig einfrieren und noch tiefgekühlt backen, benötigen Sie kein Gewicht, um ihn zu beschweren, und sparen sich dadurch Zeit.
Sie können den Zitronensaft durch andere Zitrussäfte oder Passionsfruchtsaft ersetzen.

5

7

8

9

10

11

12

15

Zitronen-Tarte mit Baiser

1 **Pâte Sucrée**

Grundrezept Pâte Sucrée zubereiten (S. 18) und den Teig 3 Millimeter dick ausrollen.

2 Den Teig mehrmals einstechen und einen gefetteten Tortenring damit auslegen (siehe Technik S. 16).

3 Den Tarteboden 10 Minuten im Gefrierschrank oder 1 Stunde im Kühlschrank kühl stellen.

4 Backofen auf 180 °C vorheizen). Den Teig 15 bis 20 Minuten im vorgeheizten Backofen backen.

5 **Zitronencreme**

Alle Zutaten in einen kleinen Topf geben.

6 Unter Rühren zum Kochen bringen.

7 Mindestens 3 Minuten unter ständigem Rühren kochen lassen, bis die Mischung leicht transparent wird.

8 Die Creme in eine flache Form geben und die Oberfläche mit Frischhaltefolie abdecken. Im Kühlschrank abkühlen lassen.

9 Nach dem Abkühlen die Masse auf den vorgebackenen Tarteboden geben. Mit einer Winkelpalette glatt streichen.

10 **Italienisches Baiser**

Grundrezept italienisches Baiser zubereiten (S. 186) und abkühlen lassen.

11 **Garnieren und anrichten**

Mit dem Spritzbeutel Baiserspitzen in einem harmonischen Muster auftragen, dabei zwischen Sterntülle und Lochtülle abwechseln.

12 Mit einer Küchenreibe etwas Zitronen- oder Limettenschale über die Tarte reiben. Restliche Zitrone oder Limette in Scheiben schneiden.

13 Die Baiserspitzen mit einem Flambierbrenner leicht anbräunen.

14 Einige Zitronen- oder Limettenscheiben zwischen die Baiserspitzen legen.

15 Den Tarterand durch ein feines Sieb mit Puderzucker bestäuben.

16 Die Tarte mit gewaschenen, trocken geschüttelten Basilikumblättern dekorieren.

HINWEIS

Bereiten Sie die Zitronenmasse möglichst während der Kühlzeit für den Tarteboden zu.
Auf die Temperatur der Zitronencreme achten: Sie sollte bei der Verwendung sehr kalt sein.

FÜR 1 TARTE MIT 20CM DURCHMESSER

ZUBEREITUNG: 1 STUNDE
GARZEIT: 30 MINUTEN
RUHEZEIT: 1 STUNDE IM KÜHLSCHRANK ODER 10 MINUTEN IM GEFRIERSCHRANK + 1 STUNDE UND 35 MINUTEN ZEIT ZUM ABKÜHLEN

Schokoladen-Tarte

UTENSILIEN

Rührschüsseln
Teigschaber
Frischhaltefolie
Teigroller
Tortenring mit 20cm Durchmesser (1,5cm Höhe)
Backblech
Sparschäler
Teigspatel
Kuchengitter
flache Form oder grosser Teller
Schneebesen
Spitzsieb
Zuckerthermometer
Messer

HINWEIS
Achten Sie auf die Kühlzeit, diese Tarte wird kalt serviert! Bereiten Sie die Spiegelglasur während der Ruhezeit für die Ganache zu.

ZUTATEN

PÂTE SUCRÉE MIT KAKAO

100g gesalzene Butter und etwas Butter für den Tortenring
70g Puderzucker
1g Salz
40g Ei
150g Mehl
28g gemahlene Mandeln
25g Kakaopulver

SCHOKOLADEN-GANACHE

190g Sahne (Crème fleurette)
20g Glucosesirup
150g dunkle Kuvertüre (70% Kakao)
25g gesalzene Butter

SCHOKOLADENSPIEGELGLASUR

280ml Wasser
360g Zucker
120g Kakaopulver
210g Sahne (Crème fleurette)
14g Gelatine

GARNIEREN UND ANRICHTEN

Blattgold

TECHNIKEN

Butter cremig rühren, Teig ausrollen, Tortenring damit auslegen, Tarte glasieren

VERWENDETE GRUNDREZEPTE

Pâte Sucrée (S. 18)
Schokoladen-Ganache (S. 233)
Schokoladenspiegelglasur (S. 287)

TIPP

Wenn Sie keinen Glucosesirup vorrätig haben, können Sie ihn durch Honig ersetzen.

Glucosesirup wird in der professionellen Patisserie verwendet, weil er für einen schönen Glanz und eine cremige Konsistenz sorgt und ein zu schnelles Austrocknen der Ganache verhindert.

Schokoladen-Tarte

1 **Pâte Sucrée mit Kakao**

Grundrezept Pâte Sucrée in den angegebenen Mengen zubereiten (S. 18), in Schritt 4 den Kakao hinzufügen. Den Teig 3 Millimeter dick ausrollen.

2 Den Teig mehrmals einstechen und einen gefetteten Tortenring damit auslegen (Technik siehe S. 16).

3 Den Tarteboden 10 Minuten im Gefrierschrank oder 1 Stunde im Kühlschrank kühl stellen.

4 Backofen auf 180 °C vorheizen. Den Tarteboden etwa 30 Minuten im vorgeheizten Backofen backen.

5 Falls nötig, den Rand des Tartebodens mit dem Sparschäler glätten.

6 Den Tarteboden auf ein Backblech setzen.

7 **Schokoladen-Ganache**

Grundrezept Schokoladen-Ganache zubereiten (S. 233).

8 Die Ganache in den Tarteboden füllen.

9 30 Minuten im Kühlschrank fest werden lassen.

10 Die Tarte über einer flachen Form oder einem großen Teller auf ein Kuchengitter setzen.

11 **Schokoladenspiegelglasur**

Grundrezept Schokoladenspiegelglasur zubereiten (S. 287).

12 Die Glasur über die Tarte gießen.

13 Mit einer Palette glatt streichen.

14 Eventuelle Luftbläschen mit der Messerspitze glätten. Etwa 5 Minuten trocknen lassen.

15 **Garnieren und anrichten**

Mit Blattgold dekorieren.

5

8

10

12

13

14

15

Für 1 Tarte mit 20cm Durchmesser

Zubereitung: 1 Stunde und 20 Minuten

Garzeit: 45 Minuten

Ruhezeit: 1 Stunde im Kühlschrank oder 10 Minuten im Gefrierschrank + Zeit zum Abkühlen

Erdbeer-Sahne-Tarte

Utensilien

Rührschüsseln
Schneebesen
Teigschaber
Frischhaltefolie
Teigroller
Tortenring mit 20cm Durchmesser (1,5cm Höhe)
Backblech
Kuchengitter
Winkelpalette
Teigspatel
Kasserolle
Zuckerthermometer
Küchenmaschine mit Schneebesen
Backpinsel
Spritzbeutel
Lochtülle und Sterntülle
Messer
Puderzuckersieb

Zutaten

PÂTE SUCRÉE

100g gesalzene Butter und etwas Butter für den Tortenring
70g Puderzucker
1g Salz
35g Ei
175g Mehl
28g gemahlene Mandeln

CRÈME D'AMANDE MIT PISTAZIEN

50g Butter
50g gemahlene Mandeln
50g Zucker
50g Ei
10g Pistazienpaste

GARNITUR

250g Erdbeeren
15–20 geröstete Pistazien
75g Framboises Pépins (siehe S. 288)

MASCARPONE-CHANTILLY

310g Sahne
190g Mascarpone
Mark von 2 Vanilleschoten
40g Puderzucker

GARNIEREN UND ANRICHTEN

50g neutrale Glasur
10g gemahlene Pistazien und einige geröstete Pistazien
einige Walderdbeeren
Puderzucker
Blattgold
Marzipanblumen

Techniken

Butter cremig rühren, Teig ausrollen, Tortenring damit auslegen, Creme aufschlagen, Spritzbeutel befüllen, dressieren

Verwendete Grundrezepte

Pâte Sucrée (S. 18)
Crème d'Amande (S. 226)
Framboises Pépins (S. 288)
Mascarpone-Chantilly (S. 209)

Tipp

Sie können die gemahlenen Mandeln für die Crème d'Amande auch durch gemahlene Pistazien ersetzen.

4

7

10

12

11

15

16

18

Erdbeer-Sahne-Tarte

1 **Pâte Sucrée**

Grundrezept Pâte Sucrée zubereiten (S. 18).

2 **Crème d'Amande mit Pistazien**

Grundrezept Crème d'Amande in den angegebenen Mengen zubereiten (S. 226).

3 Die Pistazienpaste dazugeben und alles mischen.

4 Den Tarteboden mit der Crème d'Amande füllen. Mit einer Winkelpalette glatt streichen.

5 Backofen auf 180 °C vorheizen.

6 **Garnitur**

Die Erdbeeren waschen, trocken tupfen und vom Stielansatz befreien. 4 oder 5 Erdbeeren vierteln, 16 bis 18 ganz lassen, den Rest halbieren.

7 Je 12 Erdbeerviertel und geröstete Pistazien auf der Crème d'Amande verteilen.

8 Die Tarte 30 bis 40 Minuten im vorgeheizten Backofen backen.

9 Gut abkühlen lassen.

10 Mit der Winkelpalette eine Schicht Framboises Pépins (S. 288) auftragen.

11 **Mascarpone-Chantilly**

Grundrezept Mascarpone-Chantilly zubereiten (S. 209).

12 Einen Spritzbeutel mit Lochtülle mit der Mischung füllen (S. 12) und in einer Spirale etwa 5 Millimeter breit auf die Tarte dressieren.

13 **Garnieren und anrichten**

Den Tarterand mit ganzen Erdbeeren belegen.

14 Innen einen zweiten und dritten Kreis mit den halbierten Erdbeeren formen, um die Mascarpone-Chantilly zu bedecken.

15 Den Rand der Tarte und die Erdbeeren mit neutraler Glasur bepinseln.

16 Den äußeren Tarterand mit gemahlenen Pistazien überziehen.

17 Mit einer Sterntülle eine Kuppel aus Mascarpone-Chantilly in der Mitte der Tarte auftragen.

18 Walderdbeeren waschen, trocken tupfen und mit Puderzucker bestäuben. Die Tarte mit Blattgold, gerösteten Pistazien, Walderdbeeren und Marzipanblumen dekorieren.

FÜR 1 TARTE MIT 20CM DURCHMESSER

ZUBEREITUNG: 1 STUNDE
GARZEIT: 40 MINUTEN
RUHEZEIT: 1 STUNDE IM KÜHLSCHRANK ODER 10 MINUTEN IM GEFRIERSCHRANK + ZEIT ZUM ABKÜHLEN

Heidelbeer-Tarte

UTENSILIEN

Rührschüsseln
Teigschaber
Frischhaltefolie
Teigroller
Tortenring mit 20cm Durchmesser (1,5cm Höhe)
Backblech
Gabel
Schneebesen
Winkelpalette
Kuchengitter
Sparschäler
Tortenring mit 18cm Durchmesser
Kasserollen
Zuckerthermometer
Backpinsel
Küchenmaschine mit Schneebesen
Spritzbeutel
Lochtülle
Flambierbrenner

ZUTATEN

PÂTE SABLÉE

250g Mehl
175g Butter und etwas Butter für den Tortenring
5g Salz
10g Puderzucker
50g Ei

CRÈME D'AMANDE MIT HEIDELBEEREN

75g Butter
50g Zucker
75g Ei
75g gemahlene Mandeln
10g Mehl
5ml flüssiges Vanille-aroma
100g tiefgekühlte Heidelbeeren

HEIDELBEER-GELEE

100g neutrale Glasur
300g tiefgekühlte Heidelbeeren

ITALIENISCHES BAISER

90g Eiweiss
150g Zucker
50ml Wasser

GARNIEREN UND ANRICHTEN

50g italienisches Baiser (siehe oben)
8 Heidelbeeren
6 Stachelbeeren
Stiefmütterchenblüten
Puderzucker

TECHNIKEN

Mürbteig krümelig kneten und ausrollen, Tortenring auslegen, Butter cremig rühren, Spritzbeutel befüllen, dressieren

VERWENDETE GRUNDREZEPTE

Pâte Sablée (S. 21)
Crème d'Amande (S. 226)
Italienisches Baiser (S. 186)

TIPP

Sie können diese Tarte auch variieren und statt Heidelbeeren Johannisbeeren, Kirschen oder Stachelbeeren verwenden.

Heidelbeer-Tarte

1 **Pâte Sablée**

Grundrezept Pâte Sablée zubereiten und einen gefetteten Tortenring damit auslegen (S. 21).

2 Backofen auf 170 °C vorheizen.

3 **Crème d'Amande mit Heidelbeeren**

Grundrezept Crème d'Amande herstellen (S. 226).

4 Das Vanillearoma und die noch tiefgekühlten Heidelbeeren hinzufügen und alles vermischen.

5 Den Tarteboden mit der Crème d'Amande füllen.

6 Mit einer Winkelpalette glatt streichen.

7 Die Tarte 30 bis 35 Minuten im vorgeheizten Backofen backen.

8 Auf einem Kuchengitter abkühlen lassen und aus der Form lösen.

9 Falls nötig, den Tarterand mit einem Sparschäler glätten.

10 **Heidelbeer-Gelee**

Die neutrale Glasur in einer Kasserolle schmelzen lassen.

11 Die noch tiefgekühlten Heidelbeeren dazugeben und alles vermischen.

12 Einen Tortenring mit 18 Zentimetern Durchmesser in die Mitte der Tarte setzen und das Gelee hineingießen.

13 10 Minuten im Kühlschrank fest werden lassen und den Ring abnehmen.

14 **Italienisches Baiser**

Grundrezept italienisches Baiser zubereiten (S. 186)

15 **Garnieren und anrichten**

Einen Spritzbeutel mit Lochtülle mit der Baisermasse füllen (S. 12).

16 Mit der Baisermasse Spitzen rund um das Heidelbeergelee aufsetzen.

17 Die Baiserspitzen mit dem Flambierbrenner karamellisieren.

18 Heidelbeeren, Stachelbeeren und Stiefmütterchenblüten waschen und trocken tupfen. Die Heidelbeeren mit Puderzucker bestäuben. Die Tarte mit Heidelbeeren, Stachelbeeren und einigen Stiefmütterchenblüten dekorieren.

HINWEIS

Es ist so gut wie unmöglich, eine kleine Menge italienisches Baiser zuzubereiten. Werfen Sie die Reste aber nicht weg, das wäre Verschwendung! Heben Sie sie stattdessen in einem Spritzbeutel für andere Verwendungszwecke auf.

6

7

10

13

17

19

Brandteig

ERGIBT 40 BIS 50 STÜCK

Zubereitung: 35 Minuten
Garzeit: 30 Minuten

Chouquettes

DEFINITION

Sehr luftiger Teig, der als Grundlage vieler Klassiker der Patisserie dient

VERWENDUNG

Himbeer-Sahne-Windbeutel (S. 76)

Pistazien-Eclairs (S. 81)

Schokoladen-Religieuses (S. 84)

Paris-Brest (S. 88)

Salambos (S. 93)

Saint-Honoré mit Himbeeren (S. 96)

UTENSILIEN

Mehlsieb
Kasserolle
Teigspatel
Teigschaber
Rührschüssel
Küchenmaschine mit Rührblatt
Spritzbeutel
Lochtülle
Backblech

ZUTATEN

BRANDTEIG

150g Mehl
250ml Milch
100g Butter und etwas Butter für das Blech
5g Zucker
5g Salz
210–265g Ei

GARNIEREN UND ANRICHTEN

100g Hagelzucker

TECHNIKEN

Spritzbeutel befüllen, dressieren

TIPP

Sie können den Brandteig auch am Vortag zubereiten. Je länger er ruht, desto gleichmässiger bräunt er beim Backen. Die Chouquettes sind besonders köstlich, wenn man sie mit ein wenig Fleur de Sel und Muscovado-Rohrzucker bestreut.

HINWEIS

Die Chouquettes schmecken ofenfrisch am besten. Daher sollten Sie sie Ihren Gästen möglichst noch lauwarm servieren.

3

4

6

8

11

10

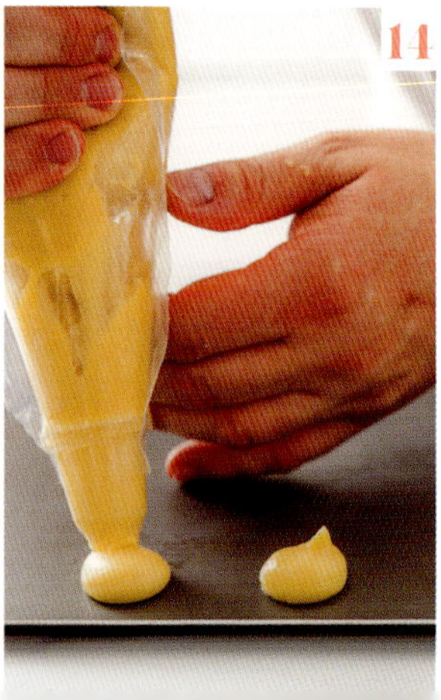
14

15

Chouquettes

1 **Brandteig**
Das Mehl sieben.

2 Die Milch in eine Kasserolle geben. Die Butter in kleine Stücke schneiden und dazugeben.

3 Zucker und Salz hinzufügen.

4 Die Mischung erhitzen, gelegentlich mit einem Teigspatel umrühren.

5 Sobald die Butter vollständig geschmolzen ist, die Mischung zum Kochen bringen.

6 Vom Herd nehmen und das gesiebte Mehl auf einmal dazugeben.

7 Alles mit dem Teigspatel schnell und kräftig mischen, damit sich keine Klümpchen bilden.

8 Die Mischung wieder erhitzen, bis sie eine Kugel bildet und sich vom Topfrand ablöst.

9 Den Teig in eine Küchenmaschine mit Rührblatt geben.

10 Unter Rühren nach und nach das verquirlte Ei hinzufügen.

11 Weiterrühren, bis ein glatter, homogener Teig entstanden ist.

12 **Chouquettes**
Einen Spritzbeutel mit Lochtülle mit dem Brandteig befüllen (S. 12).

13 Backofen auf 170 °C vorheizen.

14 Den Teig zu kleinen Windbeuteln mit 3 bis 4 Zentimetern Durchmesser auf ein gefettetes Backblech dressieren.

15 Mit Hagelzucker bestreuen. Das Backblech leicht anheben, um überschüssigen Zucker zu entfernen.

16 Die Chouquettes etwa 30 Minuten im vorgeheizten Backofen backen.

Himbeer-Sahne-Windbeutel

ERGIBT 8 STÜCK

Zubereitung: 40 Minuten
Garzeit: 50 Minuten

UTENSILIEN

Küchenmaschine mit Rührblatt und Schneebesen
Teigschaber
Acetatfolie
Teigroller
Ausstecher mit 5 cm Durchmesser
Mehlsieb
Kasserollen
Teigspatel
Rührschüssel
Spritzbeutel
Lochtülle Gr. 10 und Sterntülle Gr. 10
Backblech
Backpinsel
Gabel
Konditormesser mit Wellenschliff
Schneebesen
Zuckerthermometer
Küchenreibe
Puderzuckersieb

ZUTATEN

CRAQUELIN
115 g Butter
135 g Rohrohrzucker
135 g Mehl

BRANDTEIG
75 g Mehl
125 ml Milch
50 g Butter und etwas Butter für das Blech
5 g Zucker, 2 g Salz
133 g Ei und ggf. 1 verquirltes Ei zum Bepinseln

MASCARPONE-CHANTILLY
310 g Sahne
180 g Mascarpone
40 g Puderzucker
Mark von 2 Vanilleschoten

HIMBEERKOMPOTT
100 g Framboises pépins (S. 288)
200 g Himbeeren
20 ml Limettensaft und abgeriebene Schale von 1/2 unbehandelten Limette

GARNIEREN UND ANRICHTEN
200 g Himbeeren
abgeriebene Schale von 1 unbehandelten Limette
Puderzucker

TECHNIKEN

Mürbteig krümelig kneten, von Hand kneten und ausrollen, Tortenring damit auslegen, Spritzbeutel befüllen, dressieren, Creme aufschlagen

VERWENDETE GRUNDREZEPTE

Brandteig (S. 73)
Craquelin (S. 27)
Mascarpone-Chantilly (S. 209)
Framboises pépins (S. 288)

TIPP

Wenn es in Ihrer Küche sehr warm ist, stellen Sie vor dem Schlagen der Sahne Rührschüssel und Schneebesen 30 Minuten in den Gefrierschrank.

HINWEIS

Beginnen Sie mit dem Craquelin-Teig, der 1 Stunde im Gefrierschrank ruhen muss. Garnieren Sie die Windbeutel direkt vor dem Servieren, damit sie nicht weich werden.

Himbeer-Sahne-Windbeutel

1 **Craquelin**

Gegebenenfalls Grundrezept Craquelin zubereiten (S. 27).

2 **Brandteig**

Grundrezept Brandteig (S. 73) in den angegebenen Mengen zubereiten. Den Brandteig in einen Spritzbeutel mit Lochtülle füllen (S. 12).

3 Backofen auf 165 °C vorheizen.

4 Auf ein gefettetes Backblech kleine Windbeutel mit 4 bis 5 Zentimetern Durchmesser dressieren.

5 Die Windbeutel lassen sich mit oder ohne Craquelin zubereiten. Wird kein Craquelin verwendet, Windbeutel mit verquirltem Ei bepinseln und mit einer Gabel ein Muster eindrücken. Ansonsten das Craquelin auf die Windbeutel setzen.

6 35 bis 40 Minuten im vorgeheizten Backofen backen.

7 **Mascarpone-Chantilly**

Grundrezept Mascarpone-Chantilly in den angegebenen Mengen zubereiten (S. 209). Einen Spritzbeutel mit Sterntülle mit der Chantilly (S. 12) füllen.

8 Windbeutel aus dem Ofen nehmen und auskühlen lassen. Mit einem Konditormesser auf zwei Drittel der Höhe aufschneiden.

9 Mit einem 5 Zentimeter großen runden Ausstecher den oberen Teil der Windbeutel sauber ausschneiden.

10 **Himbeerkompott**

Grundrezept Framboises Pépins zubereiten (S. 288). 2 Esslöffel zum Garnieren beiseitestellen.

11 Restliche Framboises Pépins mit gewaschenen, trocken getupften Himbeeren und Limettensaft mischen.

12 Limettenschale untermischen.

13 Untere Hälften der Windbeutel mit Himbeerkompott füllen.

14 **Garnieren und anrichten**

Mascarpone-Chantilly auf das Himbeerkompott dressieren.

15 Himbeeren waschen und trocken tupfen. Rund um die Mascarpone-Chantilly einen Kreis aus Himbeeren setzen.

16 Etwas abgeriebene Limettenschale darübergeben.

17 Deckel auf die Windbeutel setzen und jeweils einen Klecks Framboises Pépins in die Mitte setzen.

18 Mit einer halbierten Himbeere garnieren und Puderzucker mit einem feinen Sieb aufstäuben.

5

5

8

9

12

13

14

15

18

FÜR 8 PERSONEN

ZUBEREITUNG: 45 MINUTEN
GARZEIT: 45 BIS 50 MINUTEN

Pistazien-Eclairs

UTENSILIEN

Küchenmaschine mit Rührblatt
Teigschaber
Acetatfolie
Teigroller
Mehlsieb
Kasserollen
Teigspatel
Rührschüsseln
Spritzbeutel
Lochtülle Gr. 13
Backblech
Kuchengitter
Schneebesen
flache Form
Frischhaltefolie
Edelstahl-Sterntülle Gr. 6
Winkelpalette, Goldkarton

HINWEIS

Die Temperatur des Fondants aus hygienischen Gründen mit dem Thermometer und nicht mit dem Finger überprüfen. Für eine Variante ohne Craquelin den Brandteig vor dem Backen mit Ei bepinseln und mit einer Gabel eindrücken.

ZUTATEN

CRAQUELIN

115 g Butter
135 g Rohrohrzucker
135 g Mehl

BRANDTEIG

75 g Mehl
125 ml Milch
63 g Butter und etwas Butter für das Blech
2 g Zucker
2 g Salz
150 g Ei

CRÈME PÂTISSIÈRE MIT PISTAZIEN

500 ml Milch
Mark von 1 Vanilleschote
50 g Zucker
45 g Cremepulver
100 g Ei
15–20 g Pistazienpaste

GARNIEREN UND ANRICHTEN

250 g weisser Fondant
einige Tropfen metallic-grüne Lebensmittelfarbe
Pistazienaroma
ggf. etwas Zuckersirup 30° (je nach Konsistenz des Fondants)
einige geröstete Pistazien
Marzipanblumen

TECHNIKEN

Mürbteig von Hand kneten und ausrollen, Spritzbeutel befüllen, dressieren, abgebundene Creme zubereiten, mit Fondant glasieren

VERWENDETE GRUNDREZEPTE

Brandteig (S. 73)
Craquelin (S. 27)
Crème pâtissière (S. 210)

TIPP

Wenn das Grün zu grell aussieht, mit einigen Tropfen gelber Lebensmittelfarbe mischen. Wenn der Fondant heisser wird als 37 °C, einen halben Esslöffel kalten Zuckersirup 30° (aus 45 g Zucker und 40 ml Wasser) dazugeben, um die Temperatur zu senken.

An den Abdrücken eines bemehlten Teigschabers orientieren!
4

5

11

12

13

15

16

17

18

Pistazien-Eclairs

1 **Craquelin**

Grundrezept Craquelin bis Schritt 5 zubereiten (S. 27).

2 **Brandteig**

Grundrezept Brandteig in den angegebenen Mengen zubereiten (S. 73). Einen Spritzbeutel mit 13er-Lochtülle mit dem Teig befüllen (S. 12).

3 Backofen auf 150 °C vorheizen.

4 12 bis 14 Zentimeter lange Eclairs auf ein gefettetes Backblech dressieren.

5 Aus dem Craquelin-Teig mithilfe einer Goldkartonschablone Rechtecke in derselben Größe ausschneiden.

6 Die Craquelins auf die Eclairs setzen.

7 Die Eclairs 35 bis 40 Minuten im vorgeheizten Backofen backen.

8 Auf einem Kuchengitter abkühlen lassen.

9 **Crème Pâtissière mit Pistazien**

Grundrezept Crème Pâtissière in den angegebenen Mengen zubereiten und in Schritt 7 die Pistazienpaste hinzufügen (S. 210).

10 **Garnieren und anrichten**

Den Fondant zum Temperieren mit heißem Wasser übergießen. Nicht umrühren. Während des Garnierens der Eclairs auf der Arbeitsfläche ruhen lassen.

11 Mit einer 6er-Edelstahl-Sterntülle je drei Löcher in die Unterseite der Eclairs stechen.

12 Die Eclairs großzügig mit der Crème Pâtissière füllen, dabei außen beginnen. Das Loch in der Mitte so lange füllen, bis die Crème auszulaufen beginnt.

13 Überschüssige Crème mit einer Winkelpalette abstreifen.

14 Das Wasser vom Fondant ablaufen lassen und den Fondant mit Lebensmittelfarbe, Aroma und gegebenenfalls Zuckersirup mischen. Er sollte auf 35–37 °C temperiert sein.

15 Die Eclairs zum Glasieren mit der Oberseite in den Fondant tauchen.

16 Überschüssigen Fondant mit dem Finger oder mit einem Teigspatel entfernen.

17 Mit dem Zeigefinger einmal um die Fondantschicht herumfahren, um den Rand zu glätten und damit die Glasur nicht verläuft.

18 Mit halbierten gerösteten Pistazien und Marzipanblumen garnieren.

Für 8 Stück

Zubereitung: 2 Stunden
Garzeit: 50 bis 55 Minuten
Ruhezeit: Kühlzeit

TIPP

Wenn Sie den Brandteig zu gleichen Teilen mit Milch und Wasser herstellen, werden die Windbeutel nach dem Backen noch fluffiger.

Schokoladen-Religieuses

UTENSILIEN

Küchenmaschine mit Rührblatt und Schneebesen
Teigschaber
Acetatfolie
Teigroller
Mehlsieb
Kasserollen
Teigspatel
Rührschüsseln
Spritzbeutel
Lochtülle
Backblech
Ausstecher mit 5 cm Durchmesser
Ausstecher »Blume« mit 3 cm Durchmesser
Backpinsel
Schneebesen
Zuckerthermometer
flache Form
Frischhaltefolie
Edelstahl-Sterntülle mit 4 mm Durchmesser
Winkelpalette
Kuchengitter

VERWENDETE GRUNDREZEPTE

Craquelin (S. 27)
Brandteig (S. 73)
Crème Pâtissière (S. 210)
Schokoladen-Ganache (S. 233)
Buttercreme (S. 221)

ZUTATEN

CRAQUELIN
115 g Butter
135 g Rohrohrzucker
135 g Mehl

BRANDTEIG
75 g Mehl
125 ml Wasser
63 g Butter und etwas Butter für das Blech
2 g Zucker
2 g Salz
150 g Ei und ggf. 1 verquirltes Ei zum Bepinseln

CRÈME PÂTISSIÈRE
500 ml Milch
75 g Zucker
45 g Cremepulver
100 g Eigelb

SCHOKOLADEN-GANACHE
125 g Sahne
95 g dunkle Kuvertüre (70% Kakaoanteil)
45 g Kakaopaste

SCHOKOLADENBUTTERCREME
70 ml Wasser
200 g Zucker
240 g Butter
50 g Ei und 60 g Eigelb
Kakaopaste (je nach gewünschter Farbe)

GARNIEREN UND ANRICHTEN
250 g Fondant
rote Lebensmittelfarbe
50 g Kakaopaste
ggf. Zuckersirup 30° (je nach Konsistenz des Fondants)
150 g Schokoladenbuttercreme (siehe oben)
Blattgold

TECHNIKEN

Mürbteig von Hand kneten und ausrollen, Spritzbeutel befüllen, dressieren, abgebundene Creme zubereiten, Zuckersirup herstellen, Pâte à Bombe zubereiten, mit Fondant glasieren

HINWEIS

Den Fondant vor jeder Verwendung kneten, damit sich keine Kruste bildet und damit er seinen Glanz behält. Bei der Verwendung sollte der Fondant ein fließendes »Band« bilden.

Sie können dieses Rezept auch ohne Craquelin zubereiten. In diesem Fall den Brandteig vor dem Backen mit Ei bepinseln und mit einer Gabel ein Muster eindrücken.

Schokoladen-Religieuses

1 **Craquelin**
Grundrezept Craquelin zubereiten (S. 27).

2 **Brandteig**
Grundrezept Brandteig in den angegebenen Mengen zubereiten (S. 73) und einen Spritzbeutel mit Lochtülle damit befüllen (S. 12).

3 Backofen auf 150 °C vorheizen. 8 Windbeutel (5 cm Durchmesser) und 8 Windbeutel (3 cm Durchmesser) auf ein gefettetes Backblech dressieren.

4 Mit einem runden Ausstecher 8 Craquelins mit 5 Zentimetern Durchmesser ausstechen. Auf die großen Windbeutel setzen. Aus dem restlichen Craquelin-Teig 3 Zentimeter große »Blumen« ausstechen und auf die kleinen Windbeutel setzen.

5 Falls Sie kein Craquelin verwenden, die Windbeutel mit verquirltem Ei bepinseln und mit einer Gabel ein Muster eindrücken.

6 35 bis 40 Minuten im vorgeheizten Backofen backen.

7 **Crème Pâtissière**
Grundrezept Crème Pâtissière in den angegebenen Mengen zubereiten (S. 210).

8 **Schokoladen-Ganache**
Grundrezept Schokoladen-Ganache zubereiten (S. 233), mit Crème Pâtissière mischen. Einen Spritzbeutel mit Lochtülle mit der Ganache füllen (S. 12). Bis zur Verwendung kühlen.

9 **Schokoladenbuttercreme**
Grundrezept Schokoladenbuttercreme zubereiten (S. 221) und einen Spritzbeutel mit einer 4 Millimeter großen Edelstahl-Sterntülle damit füllen (S. 12).

10 **Garnieren und anrichten**
Den Fondant zum Temperieren mit heißem Wasser übergießen. Nicht umrühren.

11 Mit einer 4-Millimeter-Sterntülle mittig in die Unterseite der Windbeutel ein Loch stechen.

12 Die Windbeutel großzügig mit Schokoladen-Ganache füllen, bis sie auszulaufen beginnt.

13 Überschüssige Ganache mit einer Winkelpalette abstreifen.

14 Das Wasser vom Fondant ablaufen lassen und den Fondant mit Lebensmittelfarbe, Kakaopaste und gegebenenfalls Zuckersirup mischen. Er sollte auf 35–37 °C temperiert sein.

15 Die Windbeutel zum Glasieren mit der Oberseite in den Fondant tauchen.

16 Überschüssigen Fondant mit dem Finger abstreifen.

17 Mit dem Zeigefinger einmal um die Fondantschicht herumfahren, um den Rand zu glätten und damit die Glasur nicht verläuft.

18 Die kleinen Windbeutel auf die großen setzen.

19 Die Religieuses auf ein Kuchengitter setzen.

20 Die kleinen Windbeutel rundherum mit Tupfen aus Schokoladenbuttercreme garnieren. Die Religieuses mit einer Buttercreme-Rosette und mit Blattgold dekorieren. Das Blattgold mit dem Pinsel auftragen.

3

4

8

12

15

18

Die Windbeutel leicht andrücken, damit sie gut aneinanderhaften.

19

20

Für 6 einzelne Paris-Brest oder 1 Paris-Brest für 6 Personen (18 cm Durchmesser)

Zubereitung: 1 Stunde und 15 Minuten

Garzeit: 1 Stunde und 45 Minuten

Ruhezeit: 20 Minuten + Kühlzeit

Paris-Brest

Utensilien

Kasserollen
Rührschüsseln
Schneebesen
flache Form
Frischhaltefolie
Mehlsieb
Teigspatel
Teigschaber
Küchenmaschine mit Rührblatt und Schneebesen
Spritzbeutel
Lochtülle Gr. 13
Ausstecher mit 7 cm oder Tortenring mit 18 cm Durchmesser
Backblech
Backpinsel
Kuchengitter
Teigroller
Acetatfolie oder Backpapier
Sterntülle Gr. 13
Konditormesser mit Wellenschliff
Officemesser
Puderzuckersieb

Zutaten

Crème pâtissière

250 ml Milch
25 g Zucker
25 g Cremepulver
50 g Ei

Brandteig

150 g Mehl
125 ml Wasser
125 ml Milch
100 g Butter und etwas Butter für das Blech
4 g Zucker
4 g Salz
250 g Ei und 1 verquirltes Ei zum Bepinseln
Mandelblättchen

Praliné feuilleté

50 g Milchschokolade
160 g Praliné
15 g Butter
100 g Pailleté Feuilletine

Crème Paris-Brest

150 g Butter
300 g Crème pâtissière (siehe gegenüberliegende Seite)
75 g Praliné

Garnieren und Anrichten

glasierte und mit Gold bestäubte Mandeln
Puderzucker

Techniken

Abgebundene Creme zubereiten, Spritzbeutel befüllen, dressieren, Teig ausrollen, Butter cremig rühren

Tipp

Die »Luftkammer« sorgt dafür, dass weniger Cremefüllung nötig ist und der Paris-Brest leichter wird.

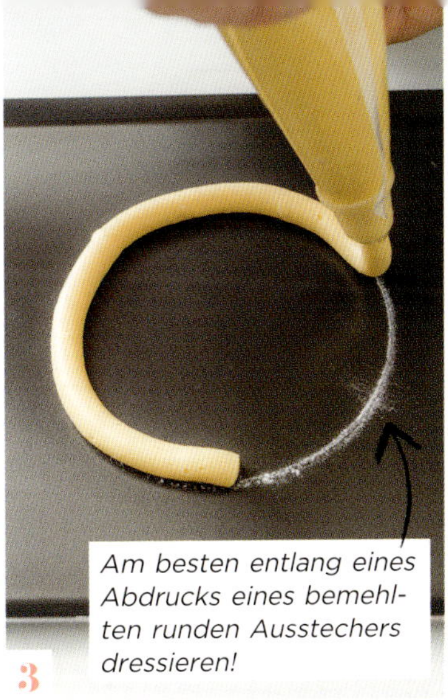

3

4

1 **Crème Pâtissière**

Grundrezept Crème Pâtissière in den angegebenen Mengen zubereiten (S. 210).

2 **Brandteig**

Grundrezept Brandteig in den angegebenen Mengen zubereiten (S. 73) und einen Spritzbeutel mit 13er-Lochtülle damit befüllen (S. 12). Backofen auf 165 °C vorheizen.

3 6 Ringe aus Brandteig mit 7 Zentimetern Durchmesser (Einzelportionen) oder 1 Ring mit 18 Zentimetern Durchmesser auf ein gefettetes Backblech dressieren.

4 Darauf einen zweiten, etwas kleineren Ring setzen.

VERWENDETE GRUNDREZEPTE

CRÈME PÂTISSIÈRE (S. 210)
BRANDTEIG (S. 73)
PRALINÉ FEUILLETÉ (S. 283)

HINWEIS

Beginnen Sie rechtzeitig mit der Zubereitung der Crème Pâtissière. Sie muss für die Herstellung der Crème Paris-Brest gut abgekühlt sein.

8

12

14

15

16

17

18

19

Paris-Brest

5 Den Teig mit verquirltem Ei bepinseln und mit Mandelblättchen bestreuen. Etwa 1 Stunde im vorgeheizten Backofen backen.

6 Auf einem Kuchengitter abkühlen lassen. Den Ofen nicht ausschalten.

7 Für die »Luftkammer« einen weiteren Ring aus Brandteig etwa in der Größe des unteren Paris-Brest-Rings dressieren.

8 Mit verquirltem Ei bepinseln und mit Mandelblättchen bestreuen.

9 Etwa 30 Minuten im vorgeheizten Backofen backen und auf einem Kuchengitter abkühlen lassen.

10 Praliné Feuilleté

Grundrezept Praliné Feuilleté zubereiten (S. 283). Bis zur Verwendung im Gefrierschrank aufbewahren.

11 Crème Paris-Brest

Die Butter mit dem Schneebesen weich und cremig rühren. Die gut gekühlte Crème Pâtissière in der Küchenmaschine glatt rühren. Die weiche Butter und das Praliné hinzufügen.

12 Kräftig schlagen, damit die Crème Paris-Brest eine schöne sahnige Konsistenz erhält.

13 Die Crème in einen Spritzbeutel mit 13er-Sterntülle füllen.

14 Garnieren und anrichten

Mit einem Konditormesser die Teigringe auf zwei Drittel ihrer Höhe durchschneiden.

15 Mithilfe eines Ausstechers oder Tortenrings in derselben Größe den Rand des oberen Teils des Paris-Brest sauber zurechtschneiden.

16 Die »Luftkammer« in zwei Halbkreise schneiden. Die Ränder mit einem kleinen Officemesser sauber zurechtschneiden.

17 Die untere Hälfte des Paris-Brest 1 Zentimeter dick mit der Crème garnieren.

18 Die »Luftkammer« auf die Crème setzen und innen und außen mit senkrechten Linien aus Crème garnieren.

19 Die Oberseite des Paris-Brest mit Quadraten aus Praliné Feuilleté besetzen und mit einer Krone aus rosettenförmig aufgetragener Crème garnieren.

20 Die Crème mit goldbestäubten Mandeln dekorieren. Den Teigdeckel aufsetzen, leicht andrücken und durch ein feines Sieb mit Puderzucker bestäuben.

FÜR 6 PERSONEN/12 SALAMBOS

Zubereitung: 1 Stunde und 15 Minuten

Garzeit: 35 bis 45 Minuten

Ruhezeit: 20 Minuten + Kühlzeit

Salambos

UTENSILIEN

Küchenmaschine mit Rührblatt
Teigschaber
Acetatfolie
Teigroller
Kasserollen
Rührschüsseln
Schneebesen
flache Form
Frischhaltefolie
Mehlsieb
Teigspatel
Spritzbeutel
Lochtülle Gr. 13
Backpinsel
Backblech
Gabel
Kuchengitter
Edelstahl-Sterntülle Gr. 6
Winkelpalette
Zuckerthermometer
Silikonbackmatte

ZUTATEN

CRAQUELIN

115 g Butter
135 g Rohrohrzucker
135 g Mehl

CRÈME PÂTISSIÈRE

500 ml Milch
Mark von 1 Vanilleschote
75 g Zucker
45 g Cremepulver
100 g Eigelb
40 ml brauner Rum

BRANDTEIG

75 g Mehl
125 ml Wasser
2 g Zucker
2 g Salz
50 g Butter und etwas Butter für das Blech
125 g Ei und ggf. 1 verquirltes Ei zum Bepinseln

KARAMELL

400 g Zucker
140 ml Wasser
90 g Glucosesirup

GARNIEREN UND ANRICHTEN

30 g Mandelblättchen
Goldpuder

TECHNIKEN

Mürbteig von Hand kneten und ausrollen, abgebundene Creme zubereiten, Spritzbeutel befüllen, dressieren, mit Karamell glasieren

VERWENDETE GRUNDREZEPTE

Craquelin (S. 27)
Crème Pâtissière (S. 210)
Brandteig (S. 73)
Karamell (S. 279)

TIPP

Wenn Sie keinen Glucosesirup vorrätig haben, können Sie stattdessen dieselbe Menge an Zucker nehmen. Glucose macht das Karamell länger haltbar und verhindert das Kristallisieren bei Feuchtigkeit.

5

Salambos schräg versetzt anordnen. So passen mehr auf das Backblech.

7

Als Alternative Teig mit Eigelb bepinseln und Muster eindrücken.

10

12

15

Zum Anwärmen des Karamells ein Glasgefäß verwenden.

16

Salambos

1 **Craquelin**

Grundrezept Craquelin zubereiten (S. 27).

2 **Crème Pâtissière**

Grundrezept Crème Pâtissière in den angegebenen Mengen zubereiten (S. 210). Bis zur Verwendung in den Kühlschrank stellen.

3 **Brandteig**

Grundrezept Brandteig in den angegebenen Mengen zubereiten (S. 73). Einen Spritzbeutel mit Lochtülle Größe 13 mit dem Brandteig füllen (S. 12).

4 Backofen auf 160 °C vorheizen

5 5 Zentimeter lange Salambos auf ein gefettetes Backblech dressieren, dabei schräg versetzt anordnen.

6 Aus dem Craquelin-Teig Rechtecke in Größe der Salambos ausschneiden und auf den Brandteig setzen.

7 Wenn Sie kein Craquelin verwenden, die Windbeutel mit verquirltem Ei bepinseln und mit einer Gabel ein Muster eindrücken.

8 25 bis 30 Minuten im vorgeheizten Backofen backen.

9 Die Salambos auf einem Kuchengitter abkühlen lassen.

10 Die Crème Pâtissière mit einem Schneebesen glatt rühren und den Rum dazugeben. Einen Spritzbeutel mit Lochtülle mit der Crème Pâtissière füllen (S. 12).

11 Mit einer 6er-Edelstahl-Sterntülle zwei Löcher in die Unterseite der Salambos stechen.

12 Die Salambos mit Crème Pâtissière füllen, bis sie beginnt auszulaufen.

13 Überschüssige Crème mit einer Winkelpalette abstreifen.

14 **Karamell**

In einer Kasserolle Zucker, Wasser und Glucosesirup auf 155 °C erhitzen (S. 279).

15 Die Salambos zum Glasieren in das Karamell tauchen.

16 **Garnieren und anrichten**

Die Mandelblättchen auf eine Silikonbackmatte legen und im Backofen bei 150 °C etwa 15 Minuten rösten. Mit etwas Goldpuder bestäuben. Die Salambos mit der glasierten Seite in die Mandelblättchen drücken.

HINWEIS

Bewahren Sie die Salambos nicht im Kühlschrank auf, damit die Glasur nicht feucht wird und schön glatt bleibt. Die Crème Pâtissière sollte vor dem Servieren sehr gut abgekühlt sein. Bereiten Sie die Crème Pâtissière und den Brandteig am besten während der Ruhezeit für den Craquelin zu. Sie können das Rezept aber auch ohne Craquelin zubereiten.

WUSSTEN SIE SCHON?

Dieses Rezept wurde 1846 vom berühmten Pariser Patissier Chiboust kreiert, der in der Rue Saint-Honoré ansässig war. Er verlieh der Creme, die für dieses feine Dessert verwendet wird, ihren Namen.

FÜR 6 PERSONEN

Zubereitung: 1 Stunde und 30 Minuten

Garzeit: 1 Stunde und 15 Minuten

Ruhezeit: 2 Stunden und 15 Minuten

VERWENDETE GRUNDREZEPTE

Blätterteig (S. 159)
Brandteig (S. 73)
Italienisches Baiser (S. 186)
Crème Pâtissière (S. 210)
Crème Chiboust (S. 217)
Karamell (S. 279)

Saint-Honoré mit Himbeeren

UTENSILIEN

Kasserollen
Rührschüsseln
Küchenmaschine mit Knethaken, Rührblatt und Schneebesen
Officemesser
Acetatfolie
Teigroller
Mehlsieb
Teigspatel
Teigschaber
Spritzbeutel
Lochtülle Gr. 10
Tortenring mit 18 cm Durchmesser
Backblech, Backpinsel
Kuchengitter
Zuckerthermometer
Schneebesen
Edelstahl-Spritztülle Gr. 6
Küchenreibe
Saint-Honoré-Spritztülle

TECHNIKEN

Teig ausrollen, Spritzbeutel befüllen, dressieren, abgebundene Creme zubereiten, mit Karamell glasieren

ZUTATEN

FEUILLETAGE

200 g Blätterteig (S. 159)

BRANDTEIG

75 g Mehl
125 ml Milch oder Wasser
5 g Zucker
2 g Salz
50 g Butter und etwas Butter für das Blech
125 g Ei und 1 verquirltes Ei zum Bepinseln

ITALIENISCHES BAISER

35 ml Wasser
110 g Zucker
75 g Eiweiss

CRÈME PÂTISSIÈRE

250 ml Milch
Mark von 2 Vanilleschoten
40 g Zucker
120 g Eigelb
20 g Cremepulver

CRÈME CHIBOUST VANILLE

225 g italienisches Baiser (siehe oben)
220 g Crème Pâtissière (siehe oben)
4 g Gelatine

KARAMELL

200 g Zucker, 70 ml Wasser
40 g Glucosesirup

TONKABOHNEN-CHANTILLY

250 g Sahne
150 g Mascarpone
30 g Puderzucker
1 Tonkabohne

GARNIEREN UND ANRICHTEN

125 g rote und weisse Himbeeren
Puderzucker
Blattgold

TIPP

Wenn Sie keinen Glucosesirup vorrätig haben, können Sie stattdessen auch dieselbe Menge an Zucker nehmen. Glucose macht das Karamell länger haltbar und verhindert das Kristallisieren bei Feuchtigkeit. Alle Zutaten für die Chantilly gut kühlen: Je kälter sie sind, desto besser lässt sich die Sahne steif schlagen!

HINWEIS

Die kleinen Windbeutel und den Boden können Sie gleichzeitig backen. Aber Vorsicht, die Windbeutel sind schneller fertig!

Saint-Honoré mit Himbeeren

1 **Feuilletage**

Grundrezept Blätterteig zubereiten (S. 159).

2 **Brandteig**

Grundrezept Brandteig in den angegebenen Mengen zubereiten (S. 73). Spritzbeutel mit 10er-Lochtülle mit Brandteig füllen. Backofen auf 170 °C vorheizen.

3 Blätterteig 2 Millimeter dick ausrollen, einstechen und mithilfe eines Tortenrings einen Kreis mit 18 Zentimetern Durchmesser ausstechen.

4 Eine Umrandung aus Brandteig auf den Teigkreis spritzen. Den Teigboden auf ein gefettetes Backblech setzen und etwa 35 Minuten im vorgeheizten Backofen backen.

5 Mit dem übrigen Teig Windbeutel mit 2 Zentimetern Durchmesser auf ein gefettetes Backblech spritzen.

6 Windbeutel mit verquirltem Eigelb bepinseln. 25 bis 30 Minuten im vorgeheizten Backofen backen. Auf einem Kuchengitter abkühlen lassen.

7 **Italienisches Baiser**

Grundrezept italienisches Baiser in den angegebenen Mengen zubereiten (S. 186).

8 **Crème Pâtissière**

Grundrezept Crème Pâtissière in den angegebenen Mengen zubereiten (S. 210). In zwei Hälften teilen.

9 **Crème Chiboust Vanille**

Aus Crème Pâtissière, italienischem Baiser und Gelatine eine Crème Chiboust (S. 217) herstellen.

10 Einen Spritzbeutel mit Lochtülle mit etwas Crème Chiboust füllen.

11 Mit einer 6er-Edelstahl-Sterntülle ein Loch in die Unterseite der Windbeutel stechen. Die Windbeutel mit der Crème Chiboust füllen.

12 **Karamell**

In einer Kasserolle Zucker, Wasser und Glucosesirup auf 155 °C erhitzen (S. 279). Die Windbeutel mit der Oberseite in das Karamell tauchen.

13 Den Saint-Honoré-Boden in einen Tortenring setzen. Einen Windbeutel beiseitelegen. Die restlichen am Rand zu einem Kreis anordnen und mit etwas Karamell festkleben.

14 Restliche Crème Chiboust innen auf den Blätterteig spritzen.

15 **Tonkabohnen-Chantilly**

Zutaten in die Rührschüssel einer Küchenmaschine geben und Tonkabohne mit der Küchenreibe darüberraspeln. Die Mischung etwa 10 Minuten in den Kühlschrank stellen.

16 In einer Küchenmaschine mit Schneebesen steif schlagen. Einen Spritzbeutel mit Saint-Honoré-Tülle mit der Chantilly füllen.

17 **Garnieren und anrichten**

Einige gewaschene, trocken getupfte Himbeeren auf der Crème Chiboust verteilen.

18 Für die Dekoration die Chantilly in Form einer Spirale aufspritzen.

19 Einzelne »Saint-Honoré«-Spitzen daraufsetzen, sodass eine Kuppel entsteht.

20 Beiseitegestellten Windbeutel daraufsetzen und einige mit Puderzucker bestäubte Himbeeren und etwas Blattgold auf dem Saint-Honoré verteilen.

4

5

11

13

14

16

17

19

20

Hefeteig

ERGIBT 850G TEIG

ZUBEREITUNG: 45 MINUTEN
GARZEIT: 12 MINUTEN
RUHEZEIT: 3 STUNDEN UND 25 MINUTEN + KÜHLZEIT

Milchbrötchen

UTENSILIEN

Küchenmaschine mit Knethaken
Messer
Rührschüssel
Frischhaltefolie
Backblech
Backpapier
Backpinsel
Küchenschere
Kuchengitter

VERWENDUNG

Zuckerbrezeln (S. 107)
Rosinenschnecken (S. 110)

ZUTATEN

MILCHBRÖTCHENTEIG

500 g Mehl und etwas Mehl für die Arbeitsfläche
10 g Salz
50 g Zucker
25 g Milchpulver
100 g Ei
15 g frische Hefe
10 g Honig
170 ml Wasser
100 g Butter

GARNIEREN UND ANRICHTEN

1 verquirltes Ei zum Bepinseln
150 g Hagelzucker

TECHNIKEN

Hefeteig kneten, gehen lassen und formen

WUSSTEN SIE SCHON?

Für Hefeteig wird bevorzugt glattes Weizenmehl verwendet, denn es ist besonders glutenreich und macht den Teig elastischer.

HINWEIS

Vorsicht bei Schritt 4: Wenn der Teig zu lange arbeitet und die Temperatur 24 °C übersteigt, beschleunigt sich der Fermentierungsprozess, was Geschmack und Konsistenz des Teigs beeinträchtigen kann.
Halten Sie die Zeit für das Gehenlassen genau ein, damit sich Aroma und Textur richtig entwickeln können.

Milchbrötchen

1 **Milchbrötchenteig**

Mehl, Salz, Zucker, Milchpulver, Ei, Hefe, Honig und Wasser in die Rührschüssel einer Küchenmaschine mit Knethaken geben.

2 Butter in kleine Stücke schneiden.

3 Die Küchenmaschine bei langsamer Geschwindigkeit 5 Minuten laufen lassen, damit sich die Zutaten gut vermischen und sich keine Klümpchen bilden.

4 Die Geschwindigkeit erhöhen und die Küchenmaschine etwa 5 Minuten weiterlaufen lassen, damit der Teig elastisch wird.

5 Die Geschwindigkeit wieder zurückschalten und die Butter in zwei Portionen dazugeben.

6 Sobald die Zutaten gut vermischt sind, die Geschwindigkeit wieder erhöhen. Weiterkneten, bis sich der Teig von den Wänden der Rührschüssel ablöst und eine Kugel um den Knethaken bildet.

7 Den Teig auf die Arbeitsfläche legen, zu einer Kugel formen, in eine Rührschüssel geben und mit Frischhaltefolie abdecken.

8 1 Stunde bei Raumtemperatur gehen lassen.

9 Den Teig auf der Arbeitsfläche »abschlagen«: Dadurch beginnen die Hefezellen wieder zu arbeiten, und die Gasbläschen können entweichen. 30 Minuten im Kühlschrank ruhen lassen.

10 **Garnieren und anrichten**

Aus dem Teig Portionen à 80 Gramm abwiegen. Die Arbeitsfläche leicht bemehlen.

11 Teig mit dem Handballen flach drücken und in der Mitte einfalten. Zwei- bis dreimal wiederholen.

12 Die Rohlinge zu 15 Zentimeter langen Brötchen formen: dafür mehrmals mit dem Handballen von innen nach außen drücken, bis die Rohlinge die richtige Länge haben.

13 Auf ein mit Backpapier ausgelegtes Backblech setzen und mit verquirltem Ei bepinseln.

14 Die Brötchen etwa 1 Stunde und 45 Minuten im 30 °C warmen Backofen gehen lassen.

15 Herausnehmen und noch 10 Minuten bei Raumtemperatur gehen lassen. Den Backofen auf 180 °C vorheizen.

16 Die Brötchen noch einmal mit verquirltem Ei bepinseln.

17 Eine Küchenschere in kaltes Wasser tauchen, um saubere Schnitte zu erhalten, und die Brötchen an der Oberseite mehrmals einschneiden.

18 Mit Hagelzucker bestreuen.

19 Brötchen in den Ofen schieben und Temperatur auf 170 °C reduzieren.

20 Die Brötchen etwa 12 Minuten im vorgeheizten Backofen backen und auf einem Kuchengitter abkühlen lassen.

3
Teig muss sich vom Rand lösen.

4
Den Teig zuerst langsam kneten!

5

6

7

11
Darauf achten, dass der Teig nicht reißt!

12

16

17

FÜR 6 BREZELN

ZUBEREITUNG: 45 MINUTEN
GARZEIT: 12 MINUTEN
RUHEZEIT: 3 STUNDEN UND 15 MINUTEN + ZEIT ZUM ABKÜHLEN

Zuckerbrezeln

UTENSILIEN

Küchenmaschine mit Knethaken
Messer
Rührschüssel
Frischhaltefolie
Backblech
Backpapier
Backpinsel
Kuchengitter

ZUTATEN

MILCHBRÖTCHENTEIG

250 g Mehl und etwas Mehl für die Arbeitsfläche
5 g Salz
25 g Zucker
12 g Milchpulver
50 g Ei
7 g frische Hefe
5 g Honig
50 g Butter
85 ml Wasser

GARNIEREN UND ANRICHTEN

1 verquirltes Ei zum Bepinseln
75 g Hagelzucker

TECHNIKEN

Hefeteig kneten, gehen lassen, formen

VERWENDETE GRUNDREZEPTE

Milchbrötchenteig (S. 102)

TIPP

Sie können auch eine salzige Version dieser Brezeln backen und sie statt mit Zucker mit grobem Salz und Kümmelkörnern bestreuen.

HINWEIS

Bereiten Sie den Teig rechtzeitig zu, denn er muss lange gehen und zum Formen der Brezeln gut gekühlt sein.

Darauf achten, dass der Teig nicht reißt!

3

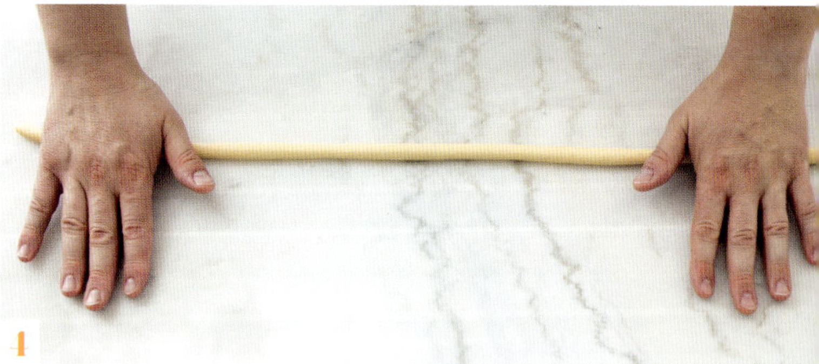

4

5

6

7

Die Brezeln versetzt auf das Backblech legen.

11

Zuckerbrezeln

1 **Milchbrötchenteig**

Grundrezept Milchbrötchenteig zubereiten (S. 102).

2 **Garnieren und anrichten**

Teigportionen à 80 Gramm abwiegen. Die Arbeitsfläche leicht bemehlen.

3 Die Rohlinge mit dem Handballen flach drücken und in der Mitte einfalten. Zweimal wiederholen.

4 Den Teig jeweils zu einem 40 Zentimeter langen Strang rollen, dabei mehrmals mit den Handballen drücken und in die Länge ziehen.

5 Die beiden Enden jeweils zu einem 10 Zentimeter langen Strang eindrehen.

6 Die entstandene Schlaufe anheben und auf das Strangende legen, aber nicht festdrücken.

7 Die Brezeln auf ein mit Backpapier ausgelegtes Backblech legen und mit verquirltem Ei bepinseln.

8 Die Brezeln etwa 1 Stunde und 45 Minuten im 30 °C warmen Ofen gehen lassen.

9 Herausnehmen und noch 10 Minuten bei Raumtemperatur gehen lassen. Backofen auf 180 °C vorheizen.

10 Die Brezeln noch einmal mit verquirltem Ei bepinseln.

11 Mit Hagelzucker bestreuen.

12 Die Brezeln in den Ofen schieben und die Temperatur auf 170 °C reduzieren.

13 Die Brezeln etwa 12 Minuten im vorgeheizten Backofen backen und auf einem Kuchengitter abkühlen lassen.

FÜR 10 STÜCK

Zubereitung: 1 Stunde
Garzeit: 12 Minuten
Ruhezeit: 3 Stunden und 35 Minuten + Kühlzeit

Rosinenschnecken

UTENSILIEN

Kasserolle
Rührschüsseln
Schneebesen
flache Form
Frischhaltefolie
Küchenmaschine mit Knethaken
Messer
Backblech
Backpapier
Teigroller
Winkelpalette
Backpinsel
grosses Messer

ZUTATEN

CRÈME PÂTISSIÈRE

200 ml Milch
15 g Zucker
30 g Eigelb
15 g Cremepulver

MILCHBRÖTCHENTEIG

250 g Mehl und etwas Mehl für die Arbeitsfläche
5 g Salz
25 g Zucker
12 g Milchpulver
50 g Ei
7 g frische Hefe
5 g Honig
50 g Butter
85 ml Wasser

GARNIEREN UND ANRICHTEN

100 g Rosinen
1 verquirltes Ei zum Bepinseln
Zuckersirup 30° (S. 11)

TECHNIKEN

Abgebundene Creme zubereiten, Hefeteig kneten, gehen lassen, ausrollen, formen

VERWENDETE GRUNDREZEPTE

Milchbrötchenteig (S. 102)
Crème Pâtissière (S. 210)
Zuckersirup 30° (S. 11)

TIPP

Sie können die Rosinen auch durch Schokoladenchips ersetzen oder die Crème Pâtissière mit Pistazienpaste aromatisieren. Das Rezept lässt sich auch auf der Basis von Croissant-Teig herstellen.

Rosinenschnecken

1 **Crème Pâtissière und Milchbrötchenteig**

Grundrezept Crème Pâtissière (S. 210) in den angegebenen Mengen zubereiten.

2 Grundrezept Milchbrötchenteig (S. 102) bis Schritt 9 in den angegebenen Mengen zubereiten.

3 **Garnieren und anrichten**

Die Rosinen in einer Schüssel mit kochendem Wasser übergießen und 30 Minuten quellen lassen.

4 Den Teig auf einem Stück Backpapier zu einem 40 x 30 Zentimeter großen Rechteck ausrollen.

5 Am kurzen Ende des Rechtecks einen breiten Streifen mit verquirltem Ei bepinseln.

6 Die Crème Pâtissière glatt rühren.

Mithilfe einer Winkelpalette das Teigrechteck bis zum bepinselten Streifen mit der Crème bestreichen.

7 Mit den abgetropften Rosinen bestreuen.

8 Den Teig gleichmäßig von der Längsseite her aufrollen.

9 20 Minuten im Gefrierschrank kühl stellen.

10 Die Teigrolle in 3 Zentimeter dicke Scheiben schneiden.

11 Die Teigschnecken mit verquirltem Ei bepinseln.

12 Im 30 °C warmen Ofen etwa 1 Stunde und 45 Minuten gehen lassen.

13 Die Teigschnecken herausnehmen und 10 Minuten bei Raumtemperatur ruhen lassen. Backofen auf 180 °C vorheizen.

14 Die Schnecken erneut mit verquirltem Ei bepinseln.

15 Die Schnecken in den Ofen schieben und die Temperatur auf 170 °C reduzieren. Die Schnecken etwa 12 Minuten im vorgeheizten Backofen backen und zum Abkühlen auf ein Kuchengitter legen.

16 Die Rosinenschnecken mit Zuckersirup 30° bepinseln (S. 11).

HINWEIS

Es empfiehlt sich, den Zuckersirup 30° im Voraus zuzubereiten, um am Tag der Zubereitung Zeit zu sparen. Außerdem ist es immer praktisch, etwas Sirup zur Hand zu haben, etwa um einen Fondant zu strecken!

4

5

7

8

9

11

12

17

1

3

4

5

7

HINWEIS

Beginnen Sie rechtzeitig mit der Zubereitung, denn der Teig muss lange gehen und die Ruhezeit muss ebenfalls berücksichtigt werden.

DEFINITION

Weicher, lockerer Hefeteig mit feinem Buttergeschmack

VERWENDUNG

Pariser Brioches (S. 116)
Hefezopf (S. 121)
Brioche Nanterre (S. 124)

UTENSILIEN

Küchenmaschine mit Knethaken, Messer
Teigschaber

ERGIBT 1,15 KG

Zubereitung: 35 Minuten
Ruhezeit: 1 Stunde und 30 Minuten

ZUTATEN

500 g Mehl und etwas Mehl für die Arbeitsfläche
11 g Salz
100 g Zucker
300 g gekühltes Ei
30 g frische Hefe
250 g Tourierbutter (84 % Fett)

Brioche-Teig

1 Mehl, Salz, Zucker, Ei und Hefe in die Rührschüssel einer Küchenmaschine mit Knethaken geben.

2 Die Butter in kleine Stücke schneiden.

3 Die Küchenmaschine bei langsamer Geschwindigkeit 5 Minuten laufen lassen, damit sich die Teigzutaten gut vermischen und keine Klümpchen entstehen.

4 Die Geschwindigkeit der Küchenmaschine erhöhen und den Teig etwa 5 Minuten kneten, damit er elastisch wird.

5 Wenn der Teig eine Kugel um den Knethaken bildet, die Küchenmaschine langsam laufen lassen und die Butter in zwei Portionen dazugeben.

6 Wenn die Butter gut eingearbeitet ist, die Geschwindigkeit wieder erhöhen. Den Teig kneten, bis er elastisch, glatt und glänzend ist.

7 Mit einem Teigschaber den Teig auf einer bemehlten Arbeitsfläche zu einer Kugel rollen.

8 In eine Rührschüssel legen und abdecken.

9 Teig 1 Stunde bei Raumtemperatur gehen lassen.

10 Den Teig »abschlagen«: Dadurch beginnen die Hefezellen wieder zu arbeiten, und die Gasbläschen können entweichen. Den Teig 30 Minuten im Kühlschrank ruhen lassen.

TECHNIKEN

Hefeteig kneten, gehen lassen

WUSSTEN SIE SCHON?

Für Hefeteig wird meist glattes Weizenmehl verwendet, denn es ist glutenreicher und macht den Teig dadurch besonders elastisch.

TIPP

Falls nötig, die Küchenmaschine während des Knetens kurz ausschalten und mit dem Teigschaber Knethaken und Rührschüssel säubern. So können sich alle Zutaten zu einem homogenen Teig vermischen.

FÜR 5 BRIOCHES

ZUBEREITUNG: 45 MINUTEN
GARZEIT: 8 MINUTEN
RUHEZEIT: 2 STUNDEN UND 45 MINUTEN + KÜHLZEIT

Pariser Brioches

UTENSILIEN

Küchenmaschine mit Knethaken
Messer
Teigschaber
5 Brioche-Förmchen
Backpinsel
Backblech
Kuchengitter

ZUTATEN

BRIOCHE-TEIG

165 g Mehl und etwas Mehl für die Arbeitsfläche
4 g Salz, 30 g Zucker
100 g kaltes Ei
10 g frische Hefe
80 Tourierbutter (84 % Fett) und etwas Butter für die Formen

GARNIEREN UND ANRICHTEN

1 verquirltes Ei zum Bepinseln

TECHNIKEN

Hefeteig kneten, gehen lassen und formen

VERWENDETE GRUNDREZEPTE

Brioche-Teig (S. 115)

TIPP

Diesen Brioche-Teig können Sie auf verschiedenste Arten formen. Ausserdem können Sie Ihre Brioches auch garnieren. Seien Sie kreativ!

HINWEIS

Lassen Sie beim Abwiegen der Zutaten die Hefe nicht mit dem Salz in Berührung kommen, denn dadurch kann die Wirksamkeit der Hefe beeinträchtigt werden. Halten Sie die Ruhezeit unbedingt ein, um den Teig wieder auf Raumtemperatur zu bringen (Schritt 14), denn nur so kann der Teig beim Backen optimal aufgehen.

Pariser Brioches

1 **Brioche-Teig**

Grundrezept Brioche-Teig (S. 115) in den angegebenen Mengen bis Schritt 9 zubereiten.

2 Den Teig »abschlagen«: Dadurch beginnen die Hefezellen wieder zu arbeiten, und die Gasbläschen können entweichen.

3 Den Teig in fünf Portionen à 70 Gramm teilen.

4 Den Teig mit dem Handballen flach drücken.

5 Teig mit dem Handballen auf einer bemehlten Arbeitsfläche zu einer Kugel rollen. 5 Minuten ruhen lassen.

6 Die Rohlinge erneut flach drücken und zu einer Kugel rollen. 10 Minuten im Kühlschrank ruhen lassen.

7 Mithilfe eines Pinsels fünf Brioche-Förmchen einfetten.

8 Die Teigkugeln mit dem Handballen leicht flach drücken.

9 Die Brioches formen: Dafür die Teigkugeln mit der Handkante hin- und herrollen, um zwei miteinander verbundene Kugeln zu erhalten, eine kleine für den »Kopf« und eine etwas größere für den »Körper«.

10 Die Brioches in die Formen setzen, dabei am »Kopf« anfassen.

11 Den Zeigefinger in Mehl tauchen.

12 Mit dem Zeigefinger eine Vertiefung in den »Körper« drücken und den »Kopf« hineinschieben, bis er den Boden der Form berührt.

13 **Garnieren und anrichten**

Die Brioches sorgfältig mit verquirltem Ei bepinseln, ohne dass es auf die Förmchen tropft.

14 Auf ein Backblech setzen und im 30 °C warmen Ofen 1 Stunde und 45 Minuten gehen lassen.

15 Herausnehmen und nochmals 10 Minuten bei Raumtemperatur gehen lassen. Backofen auf 170 °C vorheizen und ein Backblech darin vorwärmen.

16 Die Brioches erneut mit verquirltem Ei bepinseln.

17 Auf das vorgewärmte Backblech setzen und etwa 8 Minuten im vorgeheizten Backofen backen.

18 Die Brioches aus den Formen lösen und noch 2 Minuten in den heißen Förmchen ruhen lassen, damit sie an der Unterseite etwas trocknen. Auf einem Kuchengitter abkühlen lassen.

3

5

9

10

Dieser Schritt ist für das optische Endergebnis entscheidend!

12

13

FÜR 1 HEFEZOPF

Zubereitung: 45 Minuten
Garzeit: 22 Minuten
Ruhezeit: 3 Stunden und 25 Minuten + Kühlzeit

Hefezopf

UTENSILIEN

Küchenmaschine mit Knethaken
Messer
Teigschaber
Backpinsel
Backblech
Backpapier
Kuchengitter

ZUTATEN

BRIOCHE-TEIG

165 g Mehl und etwas Mehl für die Arbeitsfläche
4 g Salz
30 g Zucker
100 g gekühltes Ei
10 g frische Hefe oder Bäckerhefe
80 g Tourierbutter (84 % Fett)

GARNIEREN UND ANRICHTEN

1 verquirltes Ei zum Bepinseln
75 g Hagelzucker

TECHNIKEN

Hefeteig kneten, gehen lassen und formen

VERWENDETE GRUNDREZEPTE

Brioche-Teig (S. 115)

TIPP

Diese Flechttechnik eignet sich auch für eine Couronne des Rois. Bei diesem traditionellen französischen Kuchen zum Dreikönigstag wird eine Bohne im Teig mit eingebacken. Wer sie in seinem Kuchenstück findet, ist König für einen Tag. Geben Sie hierbei beim Kneten 15 Gramm Orangenblütenwasser dazu und dekorieren Sie die Couronne nach Wunsch mit kandierten Früchten. Zum Fixieren die Früchte in neutrale Glasur tauchen.

HINWEIS

Achten Sie darauf, den Teig in Schritt 5 und 6 ruhen zu lassen, damit er sich ausdehnen kann und später nicht reißt.

3

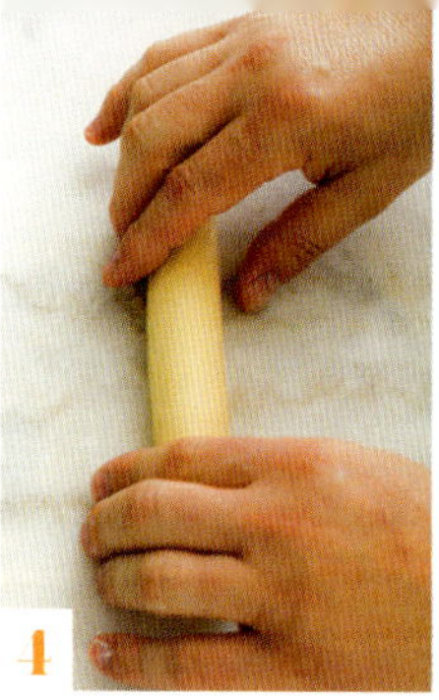
4

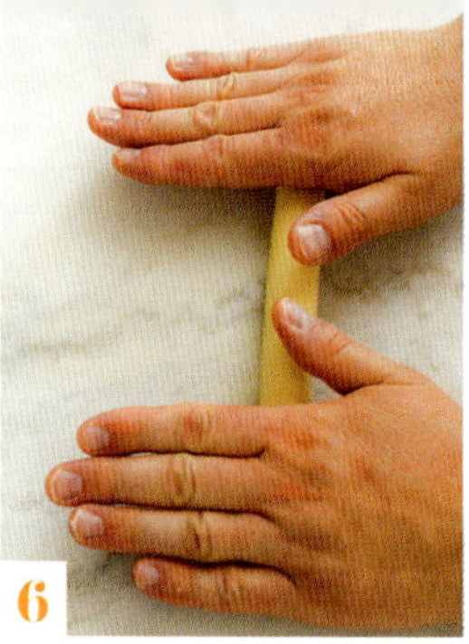
6

7

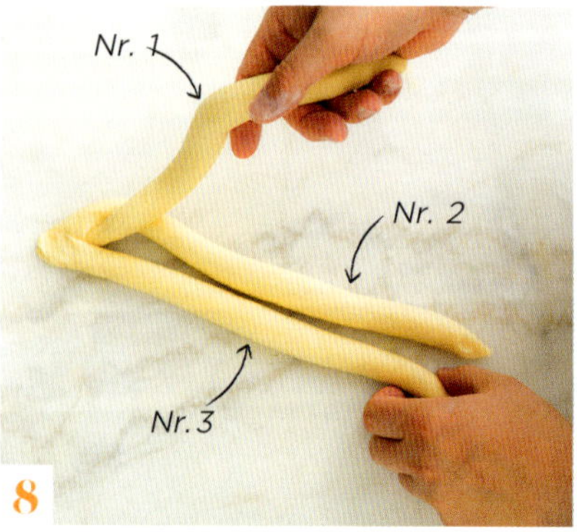

8

9

10

11

13

17

Hefezopf

1 **Brioche-Teig**
Grundrezept Brioche-Teig (S. 115) in den angegebenen Mengen zubereiten.

2 Den Teig in 3 Portionen à 100 Gramm teilen.

3 Die Teigportionen auf einer bemehlten Arbeitsfläche mit dem Handballen flach drücken und in der Mitte einfalten. Zweimal wiederholen.

4 Jede Teigportion zu einer 12 Zentimeter langen Rolle formen: Dafür den Teig hin- und herrollen und mit der Handfläche kräftig von innen nach außen drücken, um ihn in die Länge zu ziehen.

5 Den Teig 30 Minuten im Kühlschrank ruhen lassen.

6 Die Teigrollen länger und dünner ausrollen und nochmals etwa 10 Minuten im Kühlschrank ruhen lassen.

7 Jede Teigrolle zu einem 40 Zentimeter langen Strang ausrollen. Die drei Stränge parallel nebeneinanderlegen.

8 Die Enden leicht zusammendrücken. Die Stränge zu einem Zopf flechten: Nr. 1 über Nr. 2 legen.

9 Nr. 3 über Nr. 1 legen.

10 Nr. 2 über Nr. 3 legen, Nr. 1 über Nr. 2.

11 Die Enden fest zusammendrücken.

12 Den Hefezopf auf ein mit Backpapier ausgelegtes Backblech setzen.

13 Beide Enden nach unten einschlagen und unter dem geflochtenen Zopf verstecken.

14 **Garnieren und anrichten**
Den Hefezopf mit verquirltem Ei bepinseln.

15 Im 30 °C warmen Backofen etwa 1 Stunde und 45 Minuten gehen lassen.

16 Herausnehmen und nochmals 10 Minuten bei Raumtemperatur gehen lassen. Backofen auf 160 °C vorheizen und ein Backblech darin vorwärmen.

17 Den Hefezopf erneut mit verquirltem Ei bepinseln und mit Hagelzucker bestreuen.

18 Auf das vorgewärmte Backblech setzen und etwa 22 Minuten im vorgeheizten Backofen backen.

19 Den Hefezopf herausnehmen und vorsichtig auf einem Kuchengitter abkühlen lassen.

FÜR 1 BRIOCHE NANTERRE

Zubereitung: 45 Minuten
Garzeit: 18 Minuten
Ruhezeit: 3 Stunden und 25 Minuten + Kühlzeit

Brioche Nanterre

Utensilien

Küchenmaschine mit Knethaken
Messer
Teigschaber
Backpinsel
1 Brioche-Nanterre-Form (22 x 8 x 5 cm)
Backblech
Kuchengitter

Zutaten

BRIOCHE-TEIG

165 g Mehl und etwas Mehl für die Arbeitsfläche
4 g Salz
30 g Zucker
100 g gekühltes Ei
10 g frische Hefe oder Bäckerhefe
80 g Tourierbutter (84 % Fett) und etwas Butter für die Form

GARNIEREN UND ANRICHTEN

1 verquirltes Ei zum Bepinseln
30 g Hagelzucker

Techniken

Hefeteig kneten, gehen lassen und formen

Verwendete Grundrezepte

Brioche-Teig (S. 115)

Tipp

Sie können z.B. auch Schokoladentropfen oder karamellisierte Mandeln in Ihren Brioche-Teig geben. Oder Sie füllen die Brioche-Kugeln mit Konfitüre oder Nuss-Nugat-Creme.

Brioche Nanterre

1 **Brioche-Teig**

Grundrezept Brioche-Teig (S. 115) in den angegebenen Mengen zubereiten.

2 Den Teig in 5 Portionen à 50 Gramm teilen.

3 Die Teigportionen auf einer bemehlten Arbeitsfläche mit dem Handballen flach drücken.

4 Mit dem Handballen auf der Arbeitsfläche zu Kugeln rollen. 5 Minuten ruhen lassen.

5 Den Teig erneut flach drücken und zu einer Kugel rollen. 5 Minuten im Kühlschrank ruhen lassen.

6 Eine Brioche-Nanterre-Form einfetten.

7 Die 5 Teigkugeln versetzt hineinlegen.

8 **Garnieren und anrichten**

Die Brioche mit verquirltem Ei bepinseln.

9 Im 30 °C warmen Ofen etwa 1 Stunde und 45 Minuten gehen lassen.

10 Herausnehmen und nochmals 10 Minuten bei Raumtemperatur gehen lassen. Backofen auf 180 °C vorheizen und ein Backblech darin vorwärmen.

11 Die Brioche erneut mit verquirltem Ei bepinseln.

12 Die Oberfläche in der Mitte mit Hagelzucker bestreuen.

13 Die Brioche auf das vorgewärmte Backblech setzen und etwa 18 Minuten im vorgeheizten Backofen backen.

14 Vorsichtig aus der Form lösen und auf einem Kuchengitter abkühlen lassen.

4

7

8

11

12

HINWEIS

Lassen Sie den Teig in Schritt 4 und 5 ruhen, damit er sich ausdehnen kann und später nicht reißt. Beginnen Sie rechtzeitig mit der Zubereitung des Teigs, denn damit die Brioche gelingt, müssen die Ruhe- und Gehzeiten eingehalten werden.

FÜR 8 CROISSANTS UND 8 PAINS AU CHOCOLAT

Zubereitung: 1 Stunde
Garzeit: 12 bis 15 Minuten
Ruhezeit: 3 Stunden + Kühlzeit

Croissants und Pains au Chocolat

UTENSILIEN

Küchenmaschine mit Knethaken
Rührschüssel
Frischhaltefolie
Acetatfolie
Teigroller
Messer
Backpapier
Backblech
Backpinsel

ZUTATEN

500 g Mehl und etwas Mehl für die Arbeitsfläche
60 g Zucker
10 g Salz
20 g Milchpulver
25 g frische Hefe
225 ml Wasser
7 g Honig
1 Ei und 1 verquirltes Ei zum Bepinseln
100 g weiche Butter
250 g Tourierbutter (84 % Fett)

PAINS AU CHOCOLAT

16 Schokoladenstangen

TECHNIKEN

Hefeteig kneten, gehen lassen, ausrollen, formen

TIPP

Wenn Sie es süsser mögen, können Sie die Croissants auch glasieren oder füllen.

HINWEIS

Bereiten Sie den Teig möglichst früh im Voraus zu, denn die Ruhezeiten sind lang!

5

6

7

9

10

Croissants und Pains au Chocolat

1 Mehl, Zucker, Salz und Milchpulver in eine Küchenmaschine mit Knethaken geben. Das mit der Hefe verrührte Wasser, den Honig, das Ei und die weiche Butter dazugeben.

2 Zutaten zu einem nicht allzu weichen Teig verkneten. Der Teig muss sich von der Schüssel ablösen.

3 Den Teig zu einer Kugel formen und in eine Rührschüssel legen. Mit Frischhaltefolie abdecken und bei Raumtemperatur gehen lassen, bis er sein Volumen verdoppelt hat.

4 Den Teig auf einer bemehlten Arbeitsfläche »abschlagen«: Dadurch beginnen die Hefezellen wieder zu arbeiten, und die Gasbläschen können entweichen. Erneut mit Folie abdecken und 30 Minuten Kühlschrank oder 10 Minuten im Gefrierschrank ruhen lassen.

5 Den Teig 1,5 Zentimeter dick zu einem Rechteck ausrollen.

6 Die Tourierbutter zwischen zwei Lagen Acetatfolie zu einem Quadrat mit 20 Zentimetern Seitenlänge ausrollen.

7 Das Butterquadrat in die Mitte des Teigrechtecks legen und die Ecken des Teigs wie ein Briefkuvert darüber einschlagen.

8 Mit dem Teigroller festdrücken.

9 Den Teig 1,5 Zentimeter dick zu einem Rechteck ausrollen, das dreimal länger als breit ist.

10 Für die erste einfache Tour das obere und das untere Teigdrittel übereinanderfalten.

11

12

14

16

18

19

Croissants und Pains au Chocolat

11 Den Teig um 90° drehen, sodass die offene Seite nach rechts zeigt.

12 Den Teig erneut zu einem Rechteck ausrollen, kurze Seiten nach innen einfalten und nochmals zusammenfalten.

13 Den Teig 20 bis 30 Minuten im Kühlschrank ruhen lassen.

14 Das Teigrechteck halbieren – eine Hälfte für die Croissants, die andere Hälfte für die Pains au Chocolat.

15 Den Teig 3 Millimeter dick zu zwei Rechtecken von 70 x 40 Zentimetern ausrollen. Die Ränder mit einem Messer sauber zurechtschneiden.

16 **Croissants**

Das Teigrechteck für die Croissants in 8 Dreiecke schneiden.

17 In die Mitte der Basis der Dreiecke eine kleine Kerbe einschneiden.

18 Die Croissants aufrollen: Mit beiden Händen parallel die breite Seite des Dreiecks bis zur Spitze aufrollen.

19 Die Spitze leicht festdrücken.

20 Die Croissants auf ein mit Backpapier ausgelegtes Backblech setzen.

21

22

23

24

27

Croissants und Pains au Chocolat

21 **Pains au Chocolat**

Nach Schritt 15: Das Teigrechteck für die Pains au Chocolat in 8 Rechtecke schneiden. An das untere Ende der Rechtecke je 1 Schokoladenstange legen.

22 Den Teig einmal um die Schokolade wickeln und gut festdrücken.

23 Nun eine zweite Schokoladenstange auf die »Nahtstelle« legen.

24 Den restlichen Teig um die Schokoladenstangen aufrollen.

25 Backofen auf 220 °C vorheizen. Die Teigrollen auf ein mit Backpapier ausgelegtes Backblech setzen. Mit dem Handballen flach drücken.

26 Die Pains au Chocolat und die Croissants mit verquirltem Ei bepinseln.

27 1 Stunde bei 26 bis 28 °C gehen lassen. Ein weiteres Mal mit Ei bepinseln.

28 12 bis 15 Minuten im vorgeheizten Backofen backen.

29 Die Pains au Chocolat und die Croissants auf einem Kuchengitter abkühlen lassen.

Rührteig

FÜR 2 KUCHEN À 500 G

Zubereitung: 30 Minuten
Garzeit: 40 Minuten
Ruhezeit: Kühlzeit

Kuchen mit kandierten Früchten

Utensilien

Messer
Mehlsieb
Backblech
Backpapier
2 Kastenformen (18 x 8 cm)
Backpinsel
Küchenmaschine mit Rührblatt
Rührschüssel
Teigspatel
Winkelpalette
Schöpfkelle
Puderzuckersieb
Kuchengitter

Zutaten

KUCHEN

125 g gewürfelte kandierte Früchte
165 g Sultaninen
60 g Trockenpflaumen
60 g weiche getrocknete Aprikosen
100 g kandierte Kirschen
305 g Mehl
7 g Backpulver
185 g weiche Butter und etwas Butter für die Formen
100 g Zucker
185 g Ei
2 g Salz

GARNIEREN UND ANRICHTEN

20 g Mandelblättchen
100 g Zuckersirup 15°
50 g neutrale Glasur
Puderzucker

Techniken

Butter cremig rühren

Tipp

Sie können die kandierten Früchte auch einige Stunden in etwas braunem Rum ziehen lassen.

HINWEIS

Achten Sie darauf, dass der Teig sehr kalt ist, wenn Sie die Früchte hineingeben, damit sie nicht auf den Boden des Kuchens sinken.

5

6

7

8

9

10

13

15

16

Kuchen mit kandierten Früchten

1 **Kuchen**

Einige kandierte Früchte und Trockenfrüchte für die Dekoration beiseitelegen. Den Rest grob hacken.

2 Backofen auf 165 °C vorheizen und ein Backblech darin vorwärmen.

3 Mehl und Backpulver auf ein Stück Backpapier sieben.

4 Die Kastenformen mithilfe eines Pinsels einfetten.

5 Die auf Raumtemperatur gebrachte Butter und den Zucker in einer Küchenmaschine mit Rührblatt mischen.

6 Unter ständigem Rühren Ei und Salz hinzufügen.

7 Die gehackten kandierten Früchte, Sultaninen, Pflaumen, Aprikosen und Kirschen zur gesiebten Mehlmischung geben.

8 Mit einem Teigspatel vorsichtig unter die Buttermischung heben.

9 Jede Kastenform mit 500 Gramm Kuchenteig füllen.

10 Die Oberfläche mit einer Winkelpalette glatt streichen.

11 **Garnieren und anrichten**

Die Kuchen mit Mandelblättchen bestreuen.

12 Auf das vorgewärmte Backblech setzen und etwa 40 Minuten im vorgeheizten Backofen backen. Für die Garprobe mit der Messerspitze einstechen: Beim Herausziehen darf kein Teig mehr daran haften bleiben.

13 Die Kuchen herausnehmen und sofort mit Zuckersirup 15° beträufeln.

14 Lauwarm abkühlen lassen, aus der Form lösen und auf einem Kuchengitter abkühlen lassen.

15 Die Kuchen mit neutraler Glasur bepinseln.

16 Mit den restlichen kandierten Früchten und Trockenfrüchten dekorieren und durch ein feines Sieb mit etwas Puderzucker bestäuben.

Für 2 Kuchen à 450g

Zubereitung: 30 Minuten

Garzeit: 40 Minuten

Ruhezeit: Kühlzeit

Zitronenkuchen

Utensilien

Backblech

2 Kastenformen (18 x 8cm)

Backpinsel

Mehlsieb

Rührschüssel

Küchenreibe

Kasserolle

Küchenmaschine mit Schneebesen

Teigschaber

Messer

Kuchengitter

HINWEIS

Der Kuchen wird kalt serviert. Beginnen Sie also rechtzeitig mit der Zubereitung.

Zutaten

KUCHEN

150g Butter und etwas Butter für die Formen

280g Mehl

5g Backpulver

abgeriebene Schale von 3 unbehandelten Zitronen

3g Salz

275g Ei

300g Zucker

150g Crème fraîche

GARNIEREN UND ANRICHTEN

30g neutrale Glasur

einige kandierte Zitronen- und Kumquatscheiben sowie Ingwerwürfel

einige geröstete Mandeln

einige Zweige Zitronenthymian

Wussten Sie schon?

Wenn man den Kuchenteig mit zerlassener Butter zubereitet, wird der Kuchen etwas krümeliger. Mit weicher Butter wird er besonders weich und locker.

Tipp

Wenn Sie den Kuchen noch weicher mögen, können Sie ihn direkt nach dem Backen mit leicht süßem Zitronensirup tränken.

Die Variationsmöglichkeiten sind so zahlreich, wie es Zitrusfrüchte gibt: Limette, Yuzu, Orange, Grapefruit …

Zitronenkuchen

1 Backofen 165 °C vorheizen und ein Backblech darin vorwärmen.

2 Die Kastenformen mithilfe eines Pinsels einfetten.

3 **Kuchen**

Mehl und Backpulver in eine Rührschüssel sieben. Die Zitronenschalen abreiben und dazugeben. Das Salz hinzufügen und alles mischen.

4 Die Butter in einer Kasserolle zerlassen und abkühlen lassen.

5 In einer Küchenmaschine mit Schneebesen Ei und Zucker hell und schaumig rühren.

6 Die gesiebte Mehlmischung dazugeben.

7 Die Crème fraîche hinzufügen.

8 Die abgekühlte Butter unter ständigem Rühren dazugeben und rühren, bis ein glatter, glänzender Teig entsteht.

9 Jede Kastenform mit 450 Gramm Kuchenteig füllen.

10 Auf das vorgewärmte Backblech stellen und etwa 40 Minuten im vorgeheizten Backofen backen. Für die Garprobe mit der Messerspitze einstechen: Beim Herausziehen darf kein Teig mehr daran haften bleiben.

11 Lauwarm abkühlen lassen, aus der Form lösen und auf einem Kuchengitter vollständig auskühlen lassen.

12 **Garnieren und anrichten**

Die Kuchen mit neutraler Glasur bepinseln.

13 Mit einigen kandierten Zitronen- und Kumquatscheiben, Ingwerwürfeln, gerösteten Mandeln und gewaschenem, trocken geschütteltem Zitronenthymian dekorieren.

3

5

6

7

8

9

12

13

Für 2 Kuchen à 450 g

Zubereitung: 30 Minuten
Garzeit: 50 Minuten
Ruhezeit: Kühlzeit

Schokoladenkuchen mit Nüssen

Utensilien

Kasserolle
Backblech
2 Kastenformen (18 x 8 cm)
Backpinsel
Backpapier
Messer
Mehlsieb
Küchenmaschine mit Rührblatt und Schneebesen
Teigspatel
flache Form oder grosser Teller
Kuchengitter
Winkelpalette
Brett

Zutaten

SCHOKOLADENGLASUR

100 g Schokoladenkuvertüre
250 g Fettglasur
38 g Traubenkernöl
40 g Mandelstifte

KUCHEN

150 g Butter und etwas Butter für die Formen
30 g Haselnüsse
22 g Mandeln
22 g Pistazien
50 g dunkle Schokoladenkuvertüre
135 g Mehl
3 g Backpulver
28 g Kakaopulver
105 g Marzipan 50/50
125 g Zucker
150 g Ei
115 ml Milch

GARNIEREN UND ANRICHTEN

geröstete Nüsse (Pistazien, Pinienkerne, Mandeln, Haselnüsse)
Schokoladendekor (S. 267)

Techniken

Form auskleiden, Kuchen glasieren

Verwendete Grundrezepte

Schokoladendekor (S. 267)

Tipp

Statt einer kakaobutterhaltigen Kuvertüre können Sie auch dunkle Schokolade mit 70% Kakao verwenden.

6

7

8

9

11

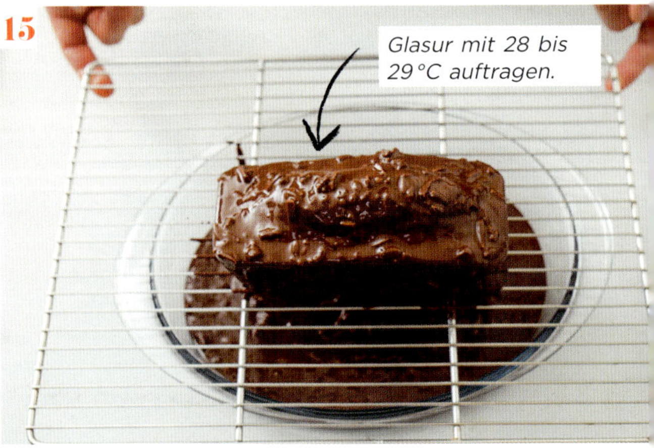

15

16

17

Schokoladenkuchen mit Nüssen

1 **Schokoladenglasur**

Die Schokoladenkuvertüre und die Fettglasur schmelzen lassen, Öl und Mandelstifte untermischen. Bis zur Verwendung mit einer Temperatur von 28 bis 29 °C beiseitestellen.

2 **Kuchen**

Backofen auf 165 °C vorheizen und ein Backblech darin vorwärmen.

3 Kastenformen mithilfe eines Pinsels einfetten.

4 Die Butter in einer Kasserolle zerlassen und abkühlen lassen.

5 Die Nüsse auf einem mit Backpapier ausgelegten Backblech etwa 15 Minuten im vorgeheizten Backofen rösten. Zum Abkühlen auf ein kaltes Backblech geben. Die Schokoladenkuvertüre fein hacken.

6 Mehl, Backpulver und Kakaopulver auf ein Stück Backpapier sieben.

7 In einer Küchenmaschine mit Rührblatt das in Stücke geschnittene Marzipan mit dem Zucker mischen.

8 Ei, Milch und Marzipanmischung mit dem Schneebesen der Küchenmaschine kräftig schlagen.

9 Nach und nach die gesiebte Mehl-Kakao-Mischung dazugeben.

10 Unter ständigem Rühren die abgekühlte Butter dazugeben und rühren, bis ein glatter, glänzender Teig entstanden ist.

11 Die gehackte Schokolade und die abgekühlten Nüsse untermischen.

12 Jede Kastenform mit 450 Gramm Teig füllen.

13 Die Kuchen auf ein warmes Backblech stellen und etwa 40 Minuten im vorgeheizten Backofen backen. Für die Garprobe mit einem Messer einstechen: Beim Herausziehen darf kein Teig mehr daran haften bleiben.

14 Die Kuchen etwas abkühlen lassen. Lauwarm aus der Form lösen und über einer flachen Form oder einem großen Teller auf ein Kuchengitter setzen.

15 **Garnieren und anrichten**

Kuchen mit der Glasur überziehen.

16 Die Kuchen mithilfe einer Winkelpalette anheben und auf ein Brett setzen.

17 Mit gerösteten Nüssen und Schokoladendekor (S. 267) verzieren.

HINWEIS

Der Kuchen wird kalt serviert. Beginnen Sie also rechtzeitig mit der Zubereitung, um ihn mit der richtigen Temperatur zu servieren. Bereiten Sie zuerst die Schokoladenglasur zu. Sie wird mit einer Temperatur von 28 bis 29°C aufgetragen.

FÜR 36 MADELEINES

Zubereitung: 25 Minuten
Garzeit: 12 Minuten
Ruhezeit: 1 Stunde

Vanille-Zitronen-Madeleines

UTENSILIEN

Backpapier
Mehlsieb
Kasserolle
Küchenreibe
Zuckerthermometer
Küchenmaschine mit Schneebesen
Teigspatel
Backblech
Spritzbeutel
Lochtülle Gr. 10
Madeleine-Förmchen aus Metall
Kuchengitter

ZUTATEN

185 g Mehl und etwas Mehl für die Förmchen
8 g Backpulver
200 g Butter und etwas Butter für die Förmchen
15 g neutrales Öl
3 g Fleur de Sel oder Salz
abgeriebene Schale von 2 unbehandelten Zitronen
75 ml kalte Milch
Mark von 1 Vanilleschote
10 g flüssiger Honig
172 g Ei und 33 g Eigelb
180 g Zucker

TECHNIKEN

Spritzbeutel befüllen, dressieren, Form mit Teig befüllen

TIPP

Sie können Ihre Madeleines nach Belieben variieren, z.B. mit Bergamottensirup, Schokolade oder Pistazien. Oder Sie füllen sie nach dem Backen mit Nuss-Nugat-Creme, Lemon Curd oder Konfitüre.

Die Madeleines lassen sich im Gefrierschrank oder in einer Metalldose gut aufbewahren.

HINWEIS

Bereiten Sie den Teig für die Madeleines zügig zu und lassen Sie ihn anschließend ruhen. Backen Sie die Madeleines erst kurz vor dem Servieren, um sie noch lauwarm zu genießen.

Vanille-Zitronen-Madeleines

1 Mehl und Backpulver auf ein Stück Backpapier sieben.

2 In einer Kasserolle Butter, Öl, Fleur de Sel oder Salz und abgeriebene Zitronenschale auf 70 °C erhitzen und vom Herd nehmen.

3 Die kalte Milch, das Vanillemark und den Honig dazugeben. Abkühlen lassen.

4 Ei, Eigelb und Zucker in einer Küchenmaschine mit Schneebesen mischen.

5 Die gesiebte Mehl-Backpulver-Mischung dazugeben und unterrühren.

6 Wenn der Inhalt der Kasserolle auf 45 °C abgekühlt ist, die Butter-Mischung unter ständigem Rühren zu den Zutaten in der Küchenmaschine geben.

7 Alles zu einem glatten Teig verrühren und 1 Stunde im Kühlschrank ruhen lassen.

8 Backofen auf 200 °C vorheizen und ein Backblech darin vorwärmen.

9 Den abgekühlten Madeleine-Teig in einen Spritzbeutel mit 10er-Lochtülle füllen.

10 Die Madeleine-Formen einfetten und mit Mehl bestäuben.

11 Den Madeleine-Teig in die Förmchen spritzen. Die Förmchen auf das warme Backblech setzen, damit sie schön aufgehen und ihre charakteristische Form erhalten. Madeleines etwa 5 Minuten im vorgeheizten Backofen backen. Die Ofentemperatur auf 175 °C senken und noch etwa weitere 7 Minuten backen.

12 Die Madeleines aus den Förmchen lösen und auf einem Kuchengitter abkühlen lassen.

1

2

3

4

5

6

7

Der Teig muss als glänzendes »Band« fließen.

11

Blätterteig

Schneller Blätterteig

DEFINITION

Leichter, luftiger, knuspriger Teig aus dünnblättrigen Teigschichten, die durch mehrmaliges Falten entstehen. Diese Variante lässt sich schneller herstellen als die klassische Version (S. 159).

VERWENDUNG

Chaussons aux Pommes (S. 162)

UTENSILIEN

Messer

Küchenmaschine mit Knethaken

Frischhaltefolie

Teigroller

ERGIBT 550 G

Zubereitung: 30 Minuten

Ruhezeit: 1 Stunde und 5 Minuten

ZUTATEN

200 g Tourierbutter (84 % Fett), 250 g Mehl und etwas Mehl für Arbeitsfläche und Teigroller

5 g Salz, 125 ml Wasser

1 Die Butter in Würfel schneiden und 20 Minuten in den Gefrierschrank stellen.

2 In einer Küchenmaschine mit Knethaken Mehl, Salz und die noch tiefgekühlte Butter mischen.

3 Während die Maschine läuft, Wasser hinzugeben.

4 Den Teig nicht zu lang kneten: Die Butterstücke müssen noch sichtbar sein.

5 Den Teig in Frischhaltefolie wickeln und 15 Minuten ruhen lassen.

6 Die Arbeitsfläche und einen Teigroller leicht mit Mehl bestäuben.

7 Den Teig zu einem 15 x 50 Zentimeter großen Rechteck ausrollen.

8 Das Rechteck zu einem Quadrat falten. Dazu erst das untere Drittel einschlagen und dann das obere Drittel darüberfalten (einfache Tour).

9 Den Teig um 90° drehen, sodass die offene Seite nach unten zeigt.

10 Den Teig erneut zu einem 15 x 50 Zentimeter großen Rechteck ausrollen und das obere und untere Drittel übereinanderschlagen (einfache Tour).

11 30 Minuten im Kühlschrank ruhen lassen.

12 Den Vorgang noch drei Mal wiederholen: ausrollen, falten und kühlen (drei einfache Touren).

TECHNIKEN

Blätterteig kneten und ausrollen

TIPP

Je grösser die Teigmenge ist, desto einfacher ist das Tourieren. Verdoppeln Sie die Zutatenmenge, dann haben Sie dabei weniger Schwierigkeiten.

HINWEIS

Versuchen Sie, eine maximale Ruhezeit zwischen den Touren einzuhalten, damit der Teig nicht zu elastisch wird und sich beim Backen nicht zusammenzieht.

2

3

4

5

7

8

10

12

1

2

3

5

6

7

DEFINITION

Leichter, luftiger und knuspriger Teig aus vielen feinen, blättrigen Teigschichten, die durch mehrmaliges Falten entstehen

VERWENDUNG

Saint-Honoré mit Himbeeren (S. 96)

Pithiviers (S. 170)

Dartois (S. 167)

Palmiers (S. 175)

Vanille-Karamell-Millefeuille (S. 178)

UTENSILIEN

Kasserolle

Rührschüssel

Küchenmaschine mit Knethaken

Messer

Frischhaltefolie

Acetatfolie

Teigroller

ERGIBT 1,1KG

Zubereitung: 45 Minuten

Ruhezeit: 1 Stunde und 45 Minuten

ZUTATEN

75g Butter

250ml Wasser

500g Mehl und etwas Mehl für Arbeitsfläche und Teigroller

10g Salz

375g Tourierbutter (84% Fett)

Blätterteig (mit fünf Touren)

1. Butter zerlassen und mit dem Wasser vermischen.
2. Mehl und Salz in eine Küchenmaschine mit Knethaken geben.
3. Zwei Drittel der Butter-Wasser-Mischung hinzufügen.
4. Die restliche Flüssigkeit dazugießen und alles kurz kneten, sodass die Zutaten gerade so vermischt sind.
5. Den Grundteig zu einer Kugel formen. Die Oberseite über Kreuz einschneiden. Den Teig in Frischhaltefolie wickeln und 15 Minuten im Kühlschrank ruhen lassen.
6. Die kalte Tourierbutter mit dem Teigroller flach klopfen.
7. Die Butter zwischen zwei Lagen Acetatfolie zu einem Quadrat mit 12 Zentimetern Seitenlänge ausrollen und in den Kühlschrank stellen.

TECHNIKEN

Blätterteig kneten und ausrollen

TIPP

Einige Profis geben einige Tropfen Essig oder Zitronensaft in den Teig, damit er eine hellere Farbe erhält.

HINWEIS

Lassen Sie den Teig zwischen den Touren möglichst lang ruhen, damit er sich beim Backen nicht zusammenzieht.
Zur Erinnerung:
1 einfache Tour = 1 Tour;
1 doppelte Tour = 1,5 Touren

9

10

11

12

Einfache Tour. Zweimal wiederholen.

13

Die erste doppelte Tour. Zweimal wiederholen.

15

Blätterteig

8 Den Grundteig auf einer bemehlten Arbeitsfläche zu einem Quadrat mit 20 Zentimetern Seitenlänge ausrollen.

9 Das Butterquadrat in die Mitte des Teigs legen.

10 Die vier Ecken des Teigs wie ein Briefkuvert über dem Butterquadrat zusammenfalten.

11 Das entstandene Teigquadrat zu einem 20 x 60 Zentimeter großen Rechteck ausrollen, das dreimal so lang wie breit ist.

12 Einfache Tour: Das Rechteck zu einem Quadrat falten, dafür das untere Drittel einschlagen und das obere darüberfalten.

13 Doppelte Tour: Den Teig mit der offenen Seite nach unten erneut zu einem 20 x 60 Zentimeter großen Rechteck ausrollen. Das Rechteck halbieren, dafür das untere und das obere Ende so einfalten, dass sich die Enden berühren. Den Teig in der Mitte übereinanderfalten.

14 Den Teig mindestens 30 Minuten im Kühlschrank ruhen lassen.

15 Den Vorgang wiederholen (Schritt 11, 12 und 13): zwei einfache und zwei doppelte Touren. Der Blätterteig ist nun bereit zur Verwendung.

Für 6 Stück

Zubereitung: 1 Stunde
Garzeit: 50 Minuten
Ruhezeit: 1 Stunde und 35 Minuten

Chaussons aux Pommes

Utensilien

Messer
Küchenmaschine mit Knethaken
Frischhaltefolie
Teigroller
Kasserolle
flache Form
ovaler Wellenrandausstecher mit 12 bis 15 cm Durchmesser oder Chausson-Ausstecher
Backpinsel
Löffel
Backpapier
Backblech
Kuchengitter

Wussten Sie schon?

Tourierbutter, auch Ziehbutter genannt, wird für Blätter- und Plunderteig verwendet. Aufgrund ihres höheren Fettgehalts – 84% statt 82% – ist sie trockener und fester als normale Butter und sorgt dadurch für einen besonders blättrigen, leichten Teig. Sie können sie jedoch auch durch haushaltsübliche Butter ersetzen.

Zutaten

Blätterteig

75 g Butter
250 ml Wasser
500 g Mehl und etwas Mehl für Arbeitsfläche und Teigroller
10 g Salz
375 g Tourierbutter (84% Fett)

Apfelkompott

8 Äpfel
etwas Wasser
150 g Rohrohrzucker
Mark von 1 Vanilleschote
50 g Butter

Garnieren und Anrichten

1 verquirltes Ei zum Bepinseln
Zuckersirup 15°

Verwendete Grundrezepte

Blätterteig (S. 159)

Techniken

Blätterteig kneten und ausrollen

Tipp

Feinschmecker-Tipp: Sie können die Äpfel für die Füllung Ihrer Chaussons auch in Butter und Zucker karamellisieren.

Hinweis

Beginnen Sie nicht zu spät mit der Zubereitung des Teigs, denn es ist wichtig, die Ruhezeiten zwischen den Touren einzuhalten, damit die Chaussons schön gleichmäßig aufgehen und sich beim Backen nicht verformen.

Chaussons aux Pommes

1 **Schneller Blätterteig**

Grundrezept Blätterteig zubereiten (S. 159).

2 **Apfelkompott**

Die Äpfel schälen, entkernen und in Stücke schneiden.

3 Zusammen mit etwas Wasser, Rohrzucker und Vanillemark in eine Kasserolle geben und zugedeckt bei mittlerer Hitze etwa 10 Minuten köcheln lassen.

4 Vom Herd nehmen, die Butter dazugeben und umrühren.

5 Das Kompott zum Abkühlen in eine flache Form geben und mit Frischhaltefolie abdecken.

6 **Garnieren und anrichten**

Den Teig auf einer bemehlten Arbeitsfläche 4 bis 5 Millimeter dick ausrollen. Backofen auf 170 °C vorheizen.

7 Mit einem Wellenrandausstecher mit 15 Zentimetern Durchmesser oder einem Chausson-Ausstecher 6 Teigkreise ausstechen.

8 Die Kreise zu Ovalen ausrollen.

9 Die Ovale am Rand mit verquirltem Ei bepinseln.

10 Etwas abgekühltes Kompott in die Mitte der Ovale setzen.

11 Den Teig über der Füllung einfalten und die Ränder gut zusammendrücken. Die Chaussons auf ein mit Backpapier ausgelegtes Backblech setzen.

12 Rundum mit verquirltem Ei bepinseln und 30 Minuten im Kühlschrank ruhen lassen.

13 Für die Dekoration mit der Spitze eines Messers ein Muster in den Teig ritzen.

14 Mit dem Messer einen Schlitz in den Teig schneiden und die Chaussons etwa 30 Minuten im vorgeheizten Backofen backen.

15 Die Chaussons herausnehmen und mit einem leichten Zuckersirup 15° glasieren. Auf einem Kuchengitter abkühlen lassen.

Den Garzustand mit der Messerspitze prüfen.

Durch den Schlitz entweicht die Luft beim Backen und die Chaussons verformen sich nicht.

FÜR 6 PERSONEN

ZUBEREITUNG: 1 STUNDE UND 15 MINUTEN
GARZEIT: 40 BIS 45 MINUTEN
RUHEZEIT: 2 STUNDEN UND 45 MINUTEN

Dartois

UTENSILIEN

Kasserolle
Rührschüsseln
Küchenmaschine mit Knethaken
Messer
Frischhaltefolie
Acetatfolie
Teigroller
Schneebesen
Spritzbeutel
Lochtülle
Backpinsel
Backpapier
Backblech
Kuchengitter

VERWENDETE GRUNDREZEPTE

Blätterteig (S. 159)
Crème d'Amande (S. 226)

ZUTATEN

BLÄTTERTEIG

250 g Mehl und etwas Mehl für Arbeitsfläche und Teigroller
5 g Salz
125 ml Wasser
185 g Tourierbutter (84 % Fett)
1 verquirltes Ei zum Bepinseln

CRÈME D'AMANDE

75 g Butter
75 g Zucker
10 ml flüssiges Vanille-aroma
75 g Ei
75 g gemahlene Mandeln
15 g Mehl
5 ml Rum

ZUCKERSIRUP

20 ml Wasser
30 g Zucker

TECHNIKEN

Blätterteig kneten und ausrollen, Butter cremig rühren, Spritzbeutel befüllen, dressieren

TIPP

Für eine etwas leichtere Note können Sie auch Früchte in Ihren Dartois-Teig geben, solange diese nicht allzu wasserhaltig sind, etwa Kirschen, Aprikosen oder pochierte Birnen.

HINWEIS

Beginnen Sie rechtzeitig mit der Herstellung des Blätterteigs, damit Sie die Ruhezeiten einhalten können.

5

8

9

10

11

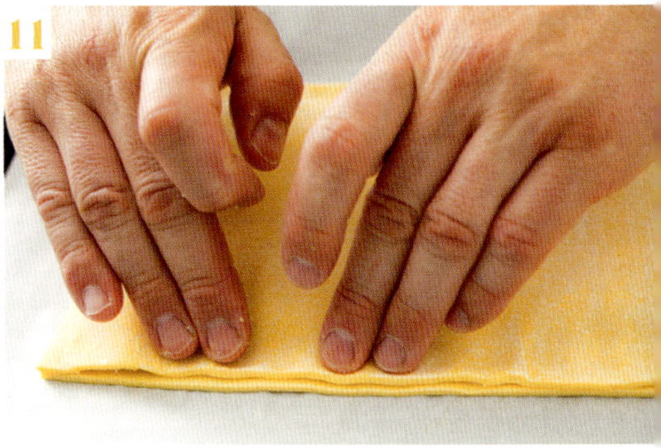

12

13

14

Dartois

1 **Blätterteig**

Grundrezept Blätterteig in den angegebenen Mengen zubereiten (S. 159).

2 **Crème d'Amande**

Grundrezept Crème d'Amande (S. 226) in den angegebenen Mengen zubereiten. Eine Spritztüte mit Lochtülle damit befüllen (S. 12) und in den Kühlschrank stellen.

3 **Zuckersirup**

Zuckersirup 30° herstellen (S. 11).

4 **Garnieren und anrichten**

Den Blätterteig auf einer bemehlten Arbeitsfläche 3 Millimeter dick ausrollen.

5 Ein 40 x 26 Zentimeter großes Rechteck ausschneiden.

6 Das Rechteck der Länge nach in zwei Rechtecke schneiden. Eines muss etwas breiter sein als das andere, da es später beim Übereinanderlegen die Füllung mit einschließt.

7 Das kleinere Rechteck auf ein mit Backpapier ausgelegtes Backblech legen.

8 Einen etwa 1 Zentimeter breiten Rand mit verquirltem Ei bepinseln.

9 Die Crème d'Amande in Streifen auf den Teig dressieren, dabei den bepinselten Rand frei lassen.

10 Das zweite Teigrechteck darüberlegen.

11 Zum Verschließen die Ränder gut zusammendrücken.

12 Den Teigrand mit der Spitze eines Messers mehrmals einschneiden.

13 Den Teig mit verquirltem Ei bepinseln und 20 Minuten in den Kühlschrank stellen.

14 Erneut mit verquirltem Ei bepinseln. Zur Dekoration mit der Messerspitze ein Muster in den Teig ritzen.

15 Über der Füllung mehrere Schlitze in den Teig schneiden, damit die Luft während des Backens entweichen kann. Den Dartois 40 Minuten im Kühlschrank ruhen lassen.

16 Backofen auf 200 °C vorheizen.

17 Den Dartois etwa 15 Minuten im vorgeheizten Backofen backen. Die Ofentemperatur auf 170 °C reduzieren und noch weitere 30 bis 35 Minuten backen.

18 Den Dartois herausnehmen, mit Zuckersirup bepinseln und auf einem Kuchengitter abkühlen lassen.

FÜR 6 PERSONEN

Zubereitung: 1 Stunde und 20 Minuten
Garzeit: 40 bis 45 Minuten
Ruhezeit: 2 Stunden und 45 Minuten

Pithiviers

UTENSILIEN

Kasserollen
Rührschüsseln
Küchenmaschine mit Knethaken
Officemesser
Frischhaltefolie
Acetatfolie
Teigroller
Schneebesen
Spritzbeutel
Lochtülle
Backpinsel
Tortenring oder Rührschüssel mit 25 cm Durchmesser
Backpapier
Backblech
Ausstecher mit 4 cm Durchmesser
Kuchengitter

VERWENDETE GRUNDREZEPTE

Blätterteig (S. 159)
Crème d'Amande (S. 226)

ZUTATEN

BLÄTTERTEIG

250 g Tourierbutter (84 % Fett)
7,5 g Salz
375 g Mehl und etwas Mehl für Arbeitsfläche und Teigroller
140 ml Wasser
1 verquirltes Ei zum Bepinseln

CRÈME D'AMANDE

75 g Butter
75 g Zucker
einige Tropfen flüssiges Vanillearoma
75 g Ei
75 g gemahlene Mandeln
10 g Mehl
5 ml Rum

ZUCKERSIRUP

20 ml Wasser
20 g Zucker

TECHNIKEN

Blätterteig kneten und ausrollen, Butter cremig rühren, Spritzbeutel befüllen, dressieren

WUSSTEN SIE SCHON?

Der Pithiviers mit seinem gewellten Rand wird in einigen Gegenden Frankreichs als traditionelle Galette des Rois serviert. Dieser klassische Dreikönigskuchen wird oft auch mit Frangipane gefüllt, einer Mischung aus Crème d'Amande und Crème Pâtissière.

HINWEIS

Beginnen Sie rechtzeitig mit der Herstellung des Blätterteigs, damit Sie die Ruhezeiten einhalten können.

Pithiviers

1 **Blätterteig**

Grundrezept Blätterteig (S. 159) in den angegebenen Mengen zubereiten.

2 **Crème d'Amande**

Grundrezept Crème d'Amande (S. 226) in den angegebenen Mengen zubereiten. Einen Spritzbeutel mit Lochtülle damit befüllen (S. 12) und bis zur Verwendung in den Kühlschrank stellen.

3 **Zuckersirup**

Zuckersirup 30° herstellen (S. 11).

4 **Garnieren und anrichten**

Den Blätterteig auf einer bemehlten Arbeitsfläche 3 Millimeter dick ausrollen.

5 2 Quadrate mit 30 Zentimetern Seitenlänge ausschneiden. Daraus mithilfe eines Tortenrings oder einer Rührschüssel zwei Teigkreise mit 25 Zentimetern Durchmesser ausstechen.

6 1 Teigkreis auf ein mit Backpapier ausgelegtes Backblech legen.

7 Einen etwa 1 Zentimeter breiten Rand mit verquirltem Ei bepinseln.

8 Die Crème d'Amande spiralförmig auf den Teig spritzen, den bepinselten Rand frei lassen.

9 Den zweiten Teigkreis darauflegen.

10 Zum Verschließen die Ränder fest zusammendrücken.

11 Mit der Rückseite eines runden Ausstechers mit 4 Zentimetern Durchmesser Halbkreise in den Rand des Pithiviers eindrücken und den Pithiviers 10 Minuten in den Gefrierschrank stellen.

12 Mit der Spitze eines Messers den Teigrand entlang der Halbkreise sauber ausschneiden.

13 Den Pithiviers mit verquirltem Ei bepinseln.

14 Den Teigrand mit dem Messer mehrmals einritzen. Den Pithiviers 15 bis 20 Minuten in den Kühlschrank stellen.

15 Erneut mit verquirltem Ei bepinseln. Zur Dekoration mit der Messerspitze ein Muster in den Teig ritzen.

16 Über der Füllung mehrere Schlitze in den Teig schneiden und weitere 40 Minuten im Kühlschrank ruhen lassen.

17 Backofen auf 200 °C vorheizen.

18 Den Pithiviers etwa 15 Minuten im vorgeheizten Backofen backen, Temperatur auf 170 °C reduzieren und noch weitere 25 bis 30 Minuten backen.

19 Den Pithiviers herausnehmen, mit Zuckersirup bepinseln und auf einem Kuchengitter abkühlen lassen.

5

7

8

9

10

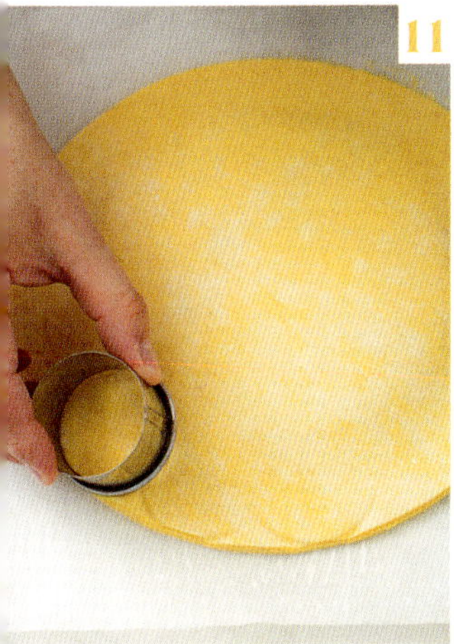
11

12

14

15

FÜR 12 GROSSE ODER 50 KLEINE PALMIERS

Zubereitung: 1 Stunde
Garzeit: 25 Minuten
Ruhezeit: 1 Stunde und 40 Minuten

Palmiers

UTENSILIEN

Kasserolle
Rührschüssel
Küchenmaschine mit Knethaken
Messer
Frischhaltefolie
Acetatfolie
Teigroller
Backblech
Kuchengitter

VERWENDETE GRUNDREZEPTE

Blätterteig (S. 159)

ZUTATEN

BLÄTTERTEIG

75 g zerlassene Butter, 185 g Tourierbutter (84 % Fett) und etwas Butter für das Blech
125 ml Wasser
250 g Mehl und etwas Mehl für Arbeitsfläche und Teigroller
5 g Salz
200 g Zucker und etwas Zucker für die Arbeitsfläche

TECHNIKEN

Blätterteig kneten und ausrollen

TIPP

In Schritt 2 können Sie Ihre Palmiers für eine extraknusprige Note zusätzlich mit gehackten Pistazien oder Haselnüssen bestreuen.

HINWEIS

Lassen Sie die Palmiers vor dem Backen nicht länger als 25 Minuten ruhen: Durch den Zucker kann der Teig feucht werden.

2 Der Blätterteig wird mit 4 statt 5 Touren hergestellt.

3

5

6

7

8

11

Palmiers

1 **Blätterteig**

Grundrezept Blätterteig (S. 159) in den angegebenen Mengen zubereiten, jedoch nur mit 4 Touren.

2 Letzte Touren auf einer mit Zucker bestreuten Arbeitsfläche geben, dabei darauf achten, dass der Teig nicht reißt. Maximal 30 Minuten ruhen lassen.

3 Den Teig 5 bis 6 Millimeter dick zu einem 60 Zentimeter langen Rechteck ausrollen. Die Breite hängt von der verwendeten Teigmenge ab. Die Ränder mit einem Messer sauber abschneiden.

4 Beide Enden des Teigrechtecks zur Mitte hin falten, dabei etwa 1 Zentimeter zwischen den Hälften frei lassen.

5 Beide Teighälften zweimal zur Mitte hin einfalten. Viermal falten ist ebenfalls möglich.

6 Beide Teighälften übereinanderfalten, sodass das Teigrechteck 12 Zentimeter breit und 4 Zentimeter dick ist.

7 Den Teig in regelmäßigen Abständen in 1 bis 1,5 Zentimeter dicke Scheiben schneiden.

8 Die Scheiben auf ein gefettetes Backblech legen. Dazwischen ausreichend Platz lassen, damit sie sich beim Backen nicht berühren. Den Teig an der Faltstelle etwas auseinanderziehen, sodass ein »V« entsteht.

9 Die Palmiers etwa 15 Minuten bei Raumtemperatur ruhen lassen.

10 Backofen auf 200 °C vorheizen. Die Palmiers etwa 25 Minuten im vorgeheizten Backofen backen.

11 Nach der Hälfte der Backzeit wenden, damit die Palmiers auf beiden Seiten gleichmäßig bräunen.

12 Herausnehmen und auf einem Kuchengitter abkühlen lassen.

FÜR 6 PERSONEN (18CM DURCHMESSER)

Zubereitung: 2 Stunden
Garzeit: 40 Minuten
Ruhezeit: 1 Stunde und 45 Minuten

Vanille-Karamell-Millefeuille

Utensilien

Kasserolle
Rührschüsseln
Küchenmaschine mit Knethaken und Schneebesen
Messer
Frischhaltefolie
Acetatfolie
Teigroller
Schneebesen
flache Form
Teigspatel
Spritzbeutel
Lochtülle Gr. 10
Tortenringe mit 20 und 18cm Durchmesser
Officemesser
Backpapier
Backbleche
Kuchengitter
Puderzuckersieb
runder Goldkarton

Verwendete Grundrezepte

Blätterteig (S. 159)
Crème Mousseline (S. 214)
Crème Pâtissière (S. 210)

Zutaten

BLÄTTERTEIG

375g Tourierbutter (84% Fett)
250ml Wasser
500g Mehl und etwas Mehl für Arbeitsfläche und Teigroller
10g Salz

CRÈME MOUSSELINE

500ml Milch
Mark von 1 Vanilleschote
60g Zucker
2 Eier
60g Cremepulver
150g Butter

KARAMELLCREME

2g Gelatine
etwas Wasser
65g Zucker
110g Sahne
9g Glucosesirup
Mark von 1 Vanilleschote
24g Eigelb

GARNIEREN UND ANRICHTEN

Puderzucker
1 Mandel

Techniken

Blätterteig kneten und ausrollen, abgebundene Creme zubereiten, Spritzbeutel befüllen, dressieren

Tipp

Für dieses Rezept wird eine Crème Mousseline verwendet. Für eine leichtere Variante kann man es stattdessen aber auch mit einer Crème Diplomate zubereiten. Sie können auch einen Schuss Orangenlikör wie z.B. Grand Marnier® dazugeben. Die Variationsmöglichkeiten für ein Millefeuille sind unbegrenzt!

LIEBLINGSREZEPT von Damien

HINWEIS

Wichtig ist, dass der Teig erst direkt vor dem Servieren gefüllt werden darf, damit der Blätterteig schön knusprig bleibt.

Vanille-Karamell-Millefeuille

1 **Blätterteig**

Grundrezept Blätterteig zubereiten (S. 159).

2 Backofen auf 180 °C vorheizen.

3 Den Blätterteig auf einer bemehlten Arbeitsfläche 2 Millimeter dick zu einem 70 x 25 Zentimeter großen Rechteck ausrollen.

4 Mithilfe eines Edelstahl-Tortenrings und eines Messers drei Teigkreise mit 20 Zentimetern Durchmesser ausschneiden.

5 Den Teig auf mit Backpapier ausgelegte Backbleche legen.

6 Jeweils mit einem weiteren Stück Backpapier abdecken und mit einem zweiten Backblech beschweren.

7 Etwa 30 Minuten im vorgeheizten Backofen backen, das Backblech und das Papier abnehmen und die Teigböden mit Puderzucker bestäuben.

8 Weitere 10 Minuten backen, damit der Zucker karamellisiert.

9 Teigböden auf einem Kuchengitter abkühlen lassen. Mithilfe eines Tortenrings mit 18 Zentimeter Durchmesser saubere Kreise ausstechen.

10 **Crème Mousseline**

Grundrezept Crème Mousseline zubereiten (S. 214). Einen Spritzbeutel mit Lochtülle Größe 10 damit befüllen (S. 12).

11 Bis zur Verwendung im Kühlschrank aufbewahren.

12 **Karamellcreme**

Die Gelatine in einer kleinen Schüssel mit kaltem Wasser einweichen. Zucker ohne Zugabe von Wasser zu Karamell kochen.

13 In einer Kasserolle Sahne, Glucosesirup und Vanillemark zum Kochen bringen.

14 Das Eigelb dazugeben und die Creme zur Rose abziehen. Die ausgedrückte Gelatine hinzufügen und umrühren. Die Mischung in einen Spritzbeutel füllen und abkühlen lassen.

15 **Garnieren und anrichten**

Die Crème Mousseline dressieren: am Rand der Teigkreise runde Kuppeln aufsetzen und in die Mitte eine Spirale aufspritzen.

16 Auf die Spirale etwas Karamellcreme geben.

17 Einen zweiten Teigkreis auf die Creme setzen und alles leicht zusammendrücken.

18 Den Dressiervorgang wiederholen und den letzten Teigkreis aufsetzen.

19 Mithilfe eines feinen Siebs und eines runden Goldkartons als Schablone einen Halbmond aus Puderzucker auftragen. Einen Tupfen Crème Mousseline aufspritzen und mit einer Mandel dekorieren.

4

9

15

16

17

18

19

Baiser-masse

1

3

Die Masse darf nicht zusammenfallen.

1

6

8

TECHNIKEN

EIWEISS STEIF SCHLAGEN, SPRITZBEUTEL BEFÜLLEN, DRESSIEREN

TIPP

WENN SIE ES WENIGER SÜSS MÖGEN, KÖNNEN SIE EINE MESSERSPITZE SALZ UND EINEN SPRITZER ZITRONENSAFT DAZUGEBEN. DIE BAISERMASSE LÄSST SICH, LUFTDICHT VERSCHLOSSEN, GUT AUFBEWAHREN.

DEFINITION

Weisse, glänzende Mischung aus steif geschlagenem Eiweiss und Zucker

UTENSILIEN

Backpapier
Mehlsieb
Küchenmaschine mit Schneebesen
Teigspatel
Spritzbeutel
Sterntülle
Backblech

FÜR 12 GROSSE ODER 32 KLEINE BAISERS

Zubereitung: 15 Minuten
Garzeit: 1 Stunde und 30 Minuten bis 3 Stunden

ZUTATEN

FRANZÖSISCHEE BAISER
200g Puderzucker
250g Eiweiss
200g Zucker

VARIANTE MIT PRALINES ROSES
50g Pralines Roses (karamellisierte Mandeln)

Französisches Baiser, Variante mit Pralines Roses

1 Den Puderzucker sehr fein auf ein Stück Backpapier sieben.

2 Das Eiweiß in einer Küchenmaschine zu lockerem Eischnee schlagen.

3 Sobald der Eischnee fest zu werden beginnt, zum Stabilisieren nach und nach die Hälfte des Zuckers dazugeben. Den restlichen Zucker dazugeben und die Geschwindigkeit erhöhen.

4 Den gesiebten Puderzucker mit einem Teigspatel unterheben.

5 Einen Spritzbeutel mit Sterntülle mit der Baisermasse füllen (S. 12).

6 Die Masse mit kreisförmigen Bewegungen auf ein mit Backpapier ausgelegtes Backblech zu 7 bis 8 Zentimeter großen Baisers dressieren. Backofen auf 90 °C vorheizen.

7 **Variante mit Pralines Roses**
Die Pralines Roses hacken.

8 Die Baisers damit bestreuen.

9 Die Baisers je nach Größe 1 Stunde und 30 Minuten bis 3 Stunden im vorgeheizten Backofen backen.

HINWEIS

Kleben Sie das Backpapier an allen vier Ecken des Backblechs mit Baisermasse fest, damit es beim Backen im Umluftofen nicht weggeblasen wird.

DEFINITION

DIESE BAISERMASSE ERFORDERT ETWAS MEHR TECHNIK ALS DIE FRANZÖSISCHE. SIE BESTEHT AUS STEIF GESCHLAGENEM EIWEISS UND ZUCKERSIRUP.

VERWENDUNG

HIMBEER-PISTAZIEN-MACARONS (S. 190)
SAINT-HONORÉ MIT HIMBEEREN (S. 96)
CRÈME CHIBOUST VANILLE (S. 217)
ZITRONEN-TARTE MIT BAISER (S. 55)
HEIDELBEER-TARTE (S. 66)

UTENSILIEN

KASSEROLLE
ZUCKERTHERMOMETER
BACKPINSEL
KÜCHENMASCHINE MIT SCHNEEBESEN
SPRITZBEUTEL
SPRITZTÜLLE

ERGIBT 225G

ZUBEREITUNG: 20 MINUTEN

ZUTATEN

30ML WASSER
150G ZUCKER
90G EIWEISS

Italienisches Baiser

1. Wasser und Zucker in einer Kasserolle verrühren.
2. Das Eiweiß in der Rührschüssel einer Küchenmaschine abwiegen.
3. Zucker und Wasser erhitzen.
4. Sobald die Mischung 100 °C erreicht hat, das Eiweiß mit hoher Geschwindigkeit schlagen.
5. Den Sirup auf 121 °C erhitzen.
6. Die Geschwindigkeit der Küchenmaschine reduzieren und den Sirup langsam zum locker geschlagenen Eischnee geben.
7. Die Geschwindigkeit wieder erhöhen und die Masse weiterschlagen, bis sie auf Raumtemperatur abgekühlt ist.
8. Einen Spritzbeutel mit einer Tülle Ihrer Wahl mit der Baisermasse füllen (S. 12).

TECHNIKEN

ZUCKERSIRUP HERSTELLEN, MISCHUNG AUFSCHLAGEN, SPRITZBEUTEL BEFÜLLEN

TIPP

WENN SIE ES ETWAS WENIGER SÜSS MÖGEN, KÖNNEN SIE EINE PRISE SALZ IN DIE BAISERMASSE GEBEN.

HINWEIS

Diese Baisermasse lässt sich, mit Frischhaltefolie abgedeckt, gut im Kühlschrank aufbewahren. Sie können sie also auch im Voraus zubereiten.

Falls nötig, die Ränder der Kasserolle mit einem Pinsel reinigen.

1

2

3

5

7

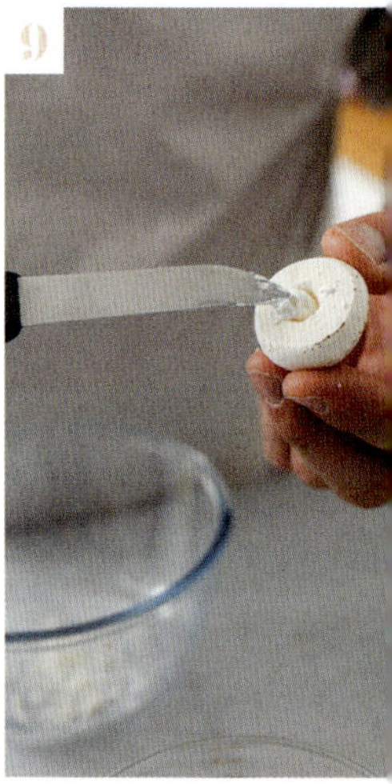
9

10

TECHNIKEN

EIWEISS STEIF SCHLAGEN, SPRITZBEUTEL BEFÜLLEN, DRESSIEREN

TIPP

FÜR EINE INDIVIDUELLE NOTE KÖNNEN SIE IHRE BAISERS MIT GEHACKTEN NÜSSEN ODER GEWÜRZEN BESTREUEN.

DEFINITION

Eiweiß, gemischt mit Puderzucker, im Wasserbad steif geschlagen

UTENSILIEN

Rührschüssel
Kasserolle
Schneebesen
Küchenmaschine mit Schneebesen
Teigschaber
Spritzbeutel
Lochtülle
Backpapier
Backblech
Puderzuckersieb
Messer

ERGIBT 550 G

Zubereitung: 15 Minuten
Garzeit: 2 bis 3 Stunden

ZUTATEN

SCHWEIZER BAISER
250 g Eiweiß
400 g Zucker

VARIANTE »CHAMPIGNONS«
30 g Kakaopulver

Schweizer Baiser, Variante »Champignons«

1 **Schweizer Baiser**

Eine Rührschüssel auf eine zur Hälfte mit Wasser gefüllte Kasserolle stellen. Eiweiß und Zucker hineingeben und mit dem Schneebesen mischen.

2 Unter ständigem Schlagen im Wasserbad auf 50 °C erhitzen.

3 Die Mischung in eine Küchenmaschine geben und bis zum Abkühlen weiterschlagen.

4 **Variante »Champignons«**

Einen Spritzbeutel mit Lochtülle mit der Baisermasse füllen (siehe S. 12).

5 In gleicher Anzahl je zwei verschieden große Baisers auf ein mit Backpapier belegtes Backblech dressieren: runde Kuppeln für die Kappen und etwas dünnere Spitzen für den Stiel.

6 Backofen auf 90 °C vorheizen.

7 Die Baiserkuppeln durch ein feines Sieb mit Kakaopulver bestäuben.

8 Die Baisers etwa 1 Stunde im vorgeheizten Backofen backen.

9 Mit der Spitze eines Messers ein kleines Loch in die Unterseite der Kuppeln schneiden und etwas Baisermasse hineinfüllen.

10 Die Champignons zusammensetzen: dafür die runden Kuppeln auf die Spitzen aufsetzen. Die »Champignons« in etwa 20 Minuten im vorgeheizten Backofen fertig backen.

HINWEIS

Beginnen Sie rechtzeitig mit dem Schweizer Baiser, denn es hat eine sehr lange Backzeit.

FÜR 24 MACARONS

Zubereitung: 45 Minuten

Garzeit: 22 Minuten

Ruhezeit: 30 Minuten + Kühlzeit

Himbeer-Pistazien-Macarons

Utensilien

Kasserolle
Zuckerthermometer
Backpinsel
Küchenmaschine mit Schneebesen oder Mixer
Puderzuckersieb
Rührschüsseln
Teigspatel
Backpapier
Backblech
Spritzbeutel
Lochtülle

Wussten Sie schon?

Im Fachjargon spricht man von »Tant pour Tant«, wenn man mehrere Zutaten in genau denselben Mengen verwendet.

Zutaten

24 Himbeeren

ITALIENISCHES BAISER

78 g Eiweiß
225 g Zucker
60 ml Wasser

TEIG

225 g gemahlene Mandeln
225 g Puderzucker
78 g Eiweiß
einige Tropfen himbeerrote Lebensmittelfarbe

PISTAZIENBUTTERCREME

70 ml Wasser
200 g Zucker
240 g Butter
50 g Ei und 60 g Eigelb
etwas Pistazienpaste

Techniken

Macaronieren, Spritzbeutel befüllen, dressieren, Zuckersirup herstellen, Pâte à Bombe (aufgeschlagene Eimasse) zubereiten

Verwendete Grundrezepte

Italienisches Baiser (S. 186)
Buttercreme (S. 221)

Tipp

Um das Ablösen vom Backpapier zu erleichtern, können Sie die Macaronschalen direkt nach dem Backen einfrieren. Am besten schmecken die Macarons, nachdem sie 24 Stunden im Kühlschrank aufbewahrt wurden.

Himbeer-Pistazien-Macarons

1 **Italienisches Baiser**

Grundrezept italienisches Baiser (S. 186) in den angegebenen Mengen zubereiten.

2 **Teig**

In einer Küchenmaschine oder in einem Mixer das Tant pour Tant aus gemahlenen Mandeln und Puderzucker fein zerkleinern. Sieben, um ein sehr feines Pulver zu erhalten.

3 Das Eiweiß mit der Lebensmittelfarbe mischen. Ganz zum Schluss die gesiebten Zutaten dazugeben.

4 Sobald das italienische Baiser eine Temperatur von 50 °C erreicht hat, vorsichtig mit dem Teigspatel unter die Mischung heben.

5 Auf ein mit Backpapier ausgelegtes Backblech Macaron-Schalen mit 3 bis 4 Zentimetern Durchmesser dressieren.

6 Leicht auf das Backblech klopfen, damit die Macaronmasse flach verläuft.

7 30 Minuten ruhen lassen, bis sich eine Kruste bildet. Mit dem Finger leicht auf die Macarons drücken: Die Mischung darf sich nicht mehr klebrig anfühlen.

8 Backofen auf 145 °C vorheizen. Die Macarons 10 bis 12 Minuten im vorgeheizten Backofen backen.

9 Das Backpapier mit den Macarons vom Backblech gleiten lassen, um den Garprozess zu stoppen.

10 **Pistazienbuttercreme**

Grundrezept Pistazienbuttercreme zubereiten (S. 221) und einen Spritzbeutel mit Lochtülle damit befüllen (S. 12).

11 **Garnieren und anrichten**

Auf die Hälfte der Macaron-Schalen eine kleine Kuppel aus Pistazienbuttercreme spritzen.

12 In jede Buttercremekuppel eine gewaschene, trocken getupfte Himbeere drücken.

13 Die zweite Hälfte der Macaron-Schalen als Deckel aufsetzen.

HINWEIS

Denken Sie daran, das Backpapier mit etwas Macaronmasse am Backblech festzukleben. Bereiten Sie die Macaron-Schalen früh genug zu, denn es dauert etwa 30 Minuten, bis sie eine Kruste bilden und ihre charakteristische Form annehmen. Hinzu kommt die Kühlzeit vor dem Füllen.

2

3

Beim Macaronieren entsteht eine glatte, glänzende Mischung.

4

5

6

11

13

Biskuit-masse

3

4

5

6

Etwas Biskuitmasse aufspritzen, damit das Backpapier am Backblech haften bleibt.

8

9

10

DEFINITION

Teig für leichte, weiche, luftige Biskuits, hergestellt auf Basis einer Baisermasse. Löffelbiskuit ist die Grundlage jeder Charlotte.

VERWENDUNG

Birnen-Karamell-Charlotte (S. 244)

Fraisier (S. 249)

UTENSILIEN

Mehlsieb
Schneebesen
Küchenmaschine mit Schneebesen
Teigspatel
Backpapier
Kugelschreiber
Tortenring (4,5 cm Höhe)
Teigschaber
Spritzbeutel
Lochtülle Gr. 10
Backblech (40 x 60 cm)

ERGIBT 500 G

Zubereitung: 15 Minuten

Garzeit: 15 bis 20 Minuten

ZUTATEN

125 g Mehl
100 g Eigelb und 150 g Eiweiss
Mark von 1 Vanilleschote
125 g Zucker
Puderzucker

Löffelbiskuit

1 Backofen auf 190 °C vorheizen.

2 Das Mehl sieben. Eigelb und Vanillemark mit dem Schneebesen verrühren.

3 Das Eiweiß in einer Küchenmaschine mit Schneebesen zu lockerem Eischnee schlagen. Zum Stabilisieren nach und nach den Zucker dazugeben.

4 Die Eigelbmischung mit einem Teigspatel unter den Eischnee heben.

5 Das gesiebte Mehl vorsichtig unterheben.

6 Eine Schablone zum Dressieren herstellen: dafür mithilfe eines 4,5 Zentimeter hohen Tortenrings und einem Lineal mit einem Kugelschreiber Linien auf einem Stück Backpapier ziehen oder für Tortenböden den Umriss des Tortenrings nachziehen. Das Backpapier auf die Rückseite wenden.

7 Einen Spritzbeutel mit Lochtülle in Größe 10 mit der Biskuitmasse befüllen (S. 12).

8 Die Masse anhand der Schablone gleichmäßig auf ein Backblech dressieren.

9 Durch ein feines Sieb mit Puderzucker bestäuben.

10 Die Biskuits 12 bis 15 Minuten im vorgeheizten Backofen backen.

TECHNIKEN

Eiweiss steif schlagen, Spritzbeutel befüllen, dressieren

TIPP

Den Eischnee mit dem Zucker nicht zu steif schlagen. Er sollte eine lockere Konsistenz haben.

HINWEIS

Kleben Sie das Backpapier an allen vier Ecken des Backblechs mit Biskuitmasse fest, damit es beim Backen im Umluftofen nicht weggeblasen wird.

DEFINITION

Weiche, leichte Biskuitmasse, die als Boden für zahlreiche Torten verwendet wird

UTENSILIEN

Schneebesen, Rührschüssel
Kasserolle
Zuckerthermometer
Küchenmaschine mit Schneebesen
Mehlsieb
Backpapier
Teigspatel
Tortenring mit 20cm Durchmesser
Backblech
Officemesser
Kuchengitter

FÜR 1 BISKUITBODEN MIT 20CM DURCHMESSER

Zubereitung: 30 Minuten
Garzeit: 30 Minuten

ZUTATEN

etwas Butter für den Tortenring
125g Mehl und etwas Mehl für den Tortenring
4 Eier
125g Zucker

Génoise

1 Backofen auf 190 °C vorheizen.

2 Den Tortenring auf der Innenseite einfetten und mit Mehl bestäuben.

3 In einer Rührschüssel Eier und Zucker schaumig schlagen.

4 Unter ständigem Rühren im Wasserbad erhitzen.

5 Wenn die Mischung etwa 50 °C erreicht hat, vom Herd nehmen.

6 Die Mischung in eine Küchenmaschine mit Schneebesen geben und rühren, bis sie abgekühlt ist.

7 Das Mehl über einem Stück Backpapier sieben und vorsichtig mit einem Teigspatel unter die Eiermischung heben.

8 Den Tortenring auf ein mit Backpapier ausgelegtes Backblech setzen und mit der Masse füllen.

9 Die Génoise etwa 30 Minuten im vorgeheizten Backofen backen.

10 Noch lauwarm mit einem Messer aus der Form lösen und auf einem Kuchengitter abkühlen lassen.

TECHNIKEN

Tortenring auskleiden

TIPP

Sie können die Génoise auch mit Gewürzen oder Zitrusschalen aromatisieren. Für eine Schokoladen-Génoise 20% des Mehls durch dunkles Kakaopulver ersetzen.

HINWEIS

Bevor Sie die Génoise zur Weiterverwendung aufschneiden, muss sie gut abgekühlt sein. Sie können sie auch mit dem Mixer zubereiten. Verwenden Sie hierbei eine Schüssel aus Metall und erhitzen Sie sie mit dem Flambierbrenner. Dies ersetzt das Wasserbad.

3

4

5

6

7

8

10

2

3

6

7

9

10

DEFINITION

Biskuitteig mit Schokolade und Marzipan, der eigentlich zur Zubereitung einer Sachertorte dient, aber auch als Grundlage für zahlreiche Entremets verwendet werden kann

VERWENDUNG

Entremets Trois Chocolats (S. 236)
Entremets Royal Chocolat (S. 252)
Forêt Noire (S. 257)

UTENSILIEN

Messer
Küchenmaschine mit Rührblatt und Schneebesen
Mehlsieb
Backpapier
Rührschüsseln
Teigspatel
Teigschaber
2 Tortenringe mit 16 cm Durchmesser
Backblech
Kuchengitter

FÜR 2 BISKUITBÖDEN MIT 16 CM DURCHMESSER

Zubereitung: 25 Minuten
Garzeit: 25 Minuten

ZUTATEN

200 g Marzipan 50/50
125 g Zucker
100 g Ei, 125 g Eigelb und 180 g Eiweiss
60 g Mehl
60 g Kakaopulver
60 g zerlassene Butter und etwas Butter für die Tortenringe

Sacher-Biskuit

1. Das Marzipan in Stücke schneiden. In der Mikrowelle erwärmen, damit es etwas weicher wird.
2. Marzipan und 50 Gramm Zucker in einer Küchenmaschine mit Rührblatt zu einer homogenen Mischung verarbeiten.
3. Ei und verquirlte Eigelbe hinzufügen.
4. Mit dem Schneebesen der Küchenmaschine mit hoher Geschwindigkeit mischen, bis die Masse in einem glänzenden »Band« fließt.
5. Mehl und Kakaopulver auf Backpapier sieben.
6. Das Eiweiß steif schlagen, dabei nach und nach den restlichen Zucker hinzufügen.
7. Den Eischnee mit einem Teigspatel unter die Marzipanmischung heben.
8. Die Mehl-Kakao-Mischung vorsichtig unterheben. Backofen auf 175 °C vorheizen.
9. Zerlassene Butter dazugeben und alles vermengen.
10. Tortenringe einfetten, auf ein mit Backpapier ausgelegtes Blech stellen und mit Teig füllen. Biskuit etwa 25 Minuten im vorgeheizten Backofen backen. Auf einem Kuchengitter abkühlen lassen.

TECHNIKEN

Eiweiss steif schlagen, Tortenring mit Teig auskleiden

TIPP

Der Sacher-Biskuit lässt sich gut einfrieren. Dies ist sehr praktisch, wenn man ihn öfter verwendet.

HINWEIS

Achten Sie darauf, dass die Masse nicht zusammenfällt, wenn Sie den Eischnee unterheben, damit der Biskuit schön luftig wird.

DEFINITION

Teig aus Baisermasse und gemahlenen Nüssen, in diesem Fall aus gemahlenen Mandeln

VERWENDUNG

Framboisier (S. 260)

UTENSILIEN

Backpapier
Mehlsieb
Küchenmaschine mit Schneebesen
Teigspatel
Spritzbeutel
Lochtülle Gr. 8
Kugelschreiber
Tortenring mit 20cm Durchmesser
Backblech

FÜR 1 DACQUOISE MIT 20CM DURCHMESSER

Zubereitung: 25 Minuten
Garzeit: 20 Minuten

ZUTATEN

75g Puderzucker
15g Mehl
60g gemahlene Mandeln und 25g Mandelblättchen
75g Eiweiss
75g Zucker

Mandel-Dacquoise

1 Backofen auf 160°C Umluft vorheizen.

2 Puderzucker, Mehl und gemahlene Mandeln zu einem sehr feinen Pulver auf ein Stück Backpapier sieben.

3 Das Eiweiß in einer Küchenmaschine mit Schneebesen zu lockerem Eischnee schlagen. Zum Stabilisieren nach und nach den Zucker dazugeben.

4 Die gesiebte Mischung mit einem Teigspatel unter den Eischnee heben. Einen Spritzbeutel mit 8er-Lochtülle mit der Dacquoise-Masse füllen.

5 Eine Schablone für das Dressieren des Biskuitbodens anfertigen (S. 197). Auf einem Stück Backpapier mit einem Kugelschreiber den Umriss eines Tortenrings mit 20 Zentimetern Durchmesser nachziehen. Das Backpapier auf die Rückseite drehen.

6 Die Dacquoise-Masse spiralförmig auf die Schablone spritzen.

7 Mit Mandelblättchen bestreuen.

8 Die Dacquoise etwa 20 Minuten im vorgeheizten Backofen backen.

TECHNIKEN

Eiweiss steif schlagen, Spritzbeutel befüllen, dressieren

TIPP

Die Biskuitmasse ist, mit Folie abgedeckt, gut haltbar und lässt sich gut einfrieren.

HINWEIS

Die Dacquoise direkt nach dem Backen vom Blech nehmen, um den Garprozess zu stoppen, damit sie schön weich bleibt. Falls die Backzeit leicht überschritten ist, können Sie die Dacquoise mit einem leichten Zuckersirup tränken.

2

3

1

6

7

1

2

3

6

DEFINITION

Knuspriger Biskuit auf Baiser-Basis mit feinem Mandelgeschmack

VERWENDUNG

Miroir mit roten Früchten (S. 241)

UTENSILIEN

Backpapier
Mehlsieb
Küchenmaschine mit Schneebesen
Teigspatel
Spritzbeutel
Lochtülle Gr. 10
Kugelschreiber
Tortenring mit 16 cm Durchmesser
Backblech

FÜR 2 BISKUITBÖDEN MIT 16 CM DURCHMESSER

Zubereitung: 20 Minuten
Garzeit: 15 Minuten

ZUTATEN

150 g Puderzucker
25 g Speisestärke
150 g gemahlene Mandeln
130 g Eiweiß
20 g Zucker

Succès Amande

1 Puderzucker, Stärke und gemahlene Mandeln auf ein Stück Backpapier sieben.

2 Das Eiweiß in einer Küchenmaschine mit Schneebesen zu lockerem Eischnee schlagen. Zum Stabilisieren nach und nach den Zucker dazugeben.

3 Die gesiebte Mischung mit einem Teigspatel vorsichtig unter den Eischnee heben.

4 Einen Spritzbeutel mit 10er-Lochtülle mit der Masse befüllen (S. 12).

5 Eine Schablone für das Dressieren anfertigen (S. 197). Auf einem Stück Backpapier mit einem Kugelschreiber den Umriss eines Tortenrings mit 16 Zentimetern Durchmesser nachziehen. Backofen auf 180 °C vorheizen.

6 Die Masse spiralförmig zu zwei Biskuitböden aufspritzen. Die Biskuits etwa 15 Minuten im vorgeheizten Backofen backen.

HINWEIS

Kleben Sie das Backpapier an allen vier Ecken des Backblechs mit Biskuitmasse gut fest, damit es beim Backen im Umluftofen nicht weggeblasen wird.

TECHNIKEN

Eiweiß steif schlagen, Spritzbeutel befüllen, dressieren

TIPP

Sie können das Rezept auch variieren, indem Sie die gemahlenen Mandeln durch gemahlene Haselnüsse oder Pistazien ersetzen. Für eine zusätzliche knusprige Note können Sie die Böden nach dem Backen auch mit gehackten Nüssen bestreuen.

Cremes

1

2

3

4

DEFINITION

Crème Chantilly – gezuckerte und mit Vanille aromatisierte Schlagsahne – mit Mascarpone

WUSSTEN SIE SCHON?

Mascarpone-Chantilly wird als Sahne-Variante aufgrund ihrer exzellenten Konsistenz von vielen Patissiers geschätzt. Sie können stattdessen auch eine klassische Crème Chantilly verwenden. Die Sahne dafür muss mindestens 30% Fett enthalten und gut gekühlt sein. Für eine einfache »Crème Fouettée« (geschlagene Sahne) einfach Zucker und Vanille weglassen.

UTENSILIEN

Küchenmaschine mit Schneebesen
Teigspatel

ERGIBT 500 G

Zubereitung: 15 Minuten

ZUTATEN

310 g Sahne
190 g Mascarpone
Mark von 2 Vanilleschoten
40 g Puderzucker

Mascarpone-Chantilly

1 Mascarpone-Chantilly

1 Gut gekühlte Sahne, Mascarpone und Vanillemark in die Rührschüssel einer Küchenmaschine geben.

2 Mit dem Schneebesen der Küchenmaschine verrühren.

3 Sobald die Sahne schaumig wird, den Puderzucker dazugeben.

4 Weiterrühren, bis die Sahne steif geschlagen ist.

5 Die Mascarpone-Chantilly bis zur Verwendung im Kühlschrank aufbewahren.

HINWEIS

Kühlen Sie die Rührschüssel 10 Minuten im Gefrierschrank, so lässt sich die Sahne besser steif schlagen.

TECHNIK

Creme aufschlagen

VERWENDUNG

Himbeer-Sahne-Windbeutel (S. 76)
Erdbeer-Sahne-Tarte (S. 63)
Forêt Noire (S. 257)

TIPP

Sie können die Sahne auch mit Schokolade nach Wahl aromatisieren.

Crème Pâtissière

Definition

Feste, sahnige Creme aus Eigelb und Zucker, traditionell mit Vanille aromatisiert. Auch Konditor- oder Vanillecreme genannt

Verwendung

Crème Diplomate (S. 213)
Crème Chiboust Vanille (S. 217)
Crème Mousseline (S. 214)
Salambos (S. 93)
Schokoladen-Religieuses (S. 84)
Vanille-Karamell-Millefeuille (S. 178)
Saint-Honoré mit Himbeeren (S. 96)
Paris-Brest (S. 88)
Pistazien-Eclairs (S. 81)
Rosinenschnecken (S. 110)
Framboisier (S. 260)

Utensilien

Kasserolle
Rührschüssel
Schneebesen
flache Form
Frischhaltefolie

Ergibt 650 g

Zubereitung: 25 Minuten
Garzeit: 10 Minuten
Ruhezeit: Kühlzeit

Zutaten

500 ml Milch
Mark von 1 Vanilleschote
50 g Zucker
100 g Eigelb
45 g Cremepulver

1 Milch, Vanillemark und die Hälfte des Zuckers in eine Kasserolle geben und erhitzen.

2 In einer Rührschüssel die Eigelbe mit dem restlichen Zucker hell und schaumig rühren. Das Cremepulver dazugeben und untermischen.

3 Sobald die Milch aufkocht, unter Rühren einen Teil zur Eiermasse gießen.

4 Alles zurück in die Kasserolle geben.

5 Bei geringer Hitze unter ständigem Rühren etwa 4 Minuten kochen lassen.

6 Eine große flache Form mit Frischhaltefolie auslegen und die Crème Pâtissière daraufgießen.

7 Die Oberfläche der Crème mit Frischhaltefolie abdecken. Die Crème bis zur Verwendung im Kühl- bzw. Gefrierschrank kühl stellen.

Techniken

Mischung hell und schaumig rühren, abgebundene Creme zubereiten

Tipp

Als Geschmacksverstärker können Sie eine Prise Salz in die Crème Pâtissière geben. Die Milch wird mit der Hälfte des Zuckers ohne zu rühren aufgekocht, damit ein Sirup entsteht. Dieser verhindert, dass die Milch am Topfboden ansetzt.

HINWEIS

Aus hygienischen Gründen ist es ratsam, die Crème Pâtissière im Gefrierschrank zu kühlen.

1

2

3

4

5

6

7

2

6

7

TECHNIKEN

MISCHUNG HELL UND SCHAUMIG RÜHREN, ABGEBUNDENE CREME AUFSCHLAGEN UND ZUBEREITEN

TIPP

KÜHLEN SIE DIE RÜHRSCHÜSSEL 10 MINUTEN IM GEFRIERSCHRANK, DAMIT SICH DIE SAHNE BESSER STEIF SCHLAGEN LÄSST. SIE KÖNNEN DIE GELATINE AUCH DURCH 25 GRAMM MYCRYO®-KAKAOBUTTER ERSETZEN.

Crème Diplomate

DEFINITION

Sahnige Creme, die sich aus Crème Pâtissière, Crème Fouettée und Gelatine zusammensetzt

VERWENDUNG

Framboisier (S. 260)

UTENSILIEN

- kleine Schüssel
- Kasserolle
- Rührschüssel
- Schneebesen
- Frischhaltefolie
- flache Form
- Küchenmaschine mit Schneebesen
- Teigschaber
- Teigspatel

ERGIBT 850 G

Zubereitung: 35 Minuten
Garzeit: 10 Minuten
Ruhezeit: 1 Stunde im Kühlschrank oder 10 bis 20 Minuten im Gefrierschrank

ZUTATEN

6 g Gelatine

CRÈME PÂTISSIÈRE

350 ml Milch
Mark von 1 Vanilleschote
50 g Zucker
60 g Eigelb
35 g Cremepulver

CRÈME FOUETTÉE

380 g Sahne

1 Die Gelatine in einer kleinen Schüssel mit kaltem Wasser einweichen.

2 **Crème Pâtissière**

Grundrezept Crème Pâtissière (S. 210) in den angegebenen Mengen zubereiten.

3 Die ausgedrückte Gelatine dazugeben und untermischen.

4 Die Crème in eine mit Frischhaltefolie bedeckte große flache Form geben, die Oberfläche mit Frischhaltefolie abdecken. 10 bis 20 Minuten im Gefrierschrank kühl stellen.

5 **Crème Fouettée**

Die Sahne in einer Küchenmaschine mit Schneebesen steif schlagen.

6 Die Crème Pâtissière in einer Rührschüssel mit dem Schneebesen glatt rühren.

7 Die Crème Fouettée vorsichtig mit einem Teigspatel unterheben.

HINWEIS

Achten Sie darauf, dass die Crème Pâtissière gut gekühlt ist, bevor Sie die Schlagsahne untermischen. Stellen Sie die Crème also rechtzeitig kalt.

DEFINITION

Crème Pâtissière, der Butter oder Buttercreme hinzugefügt wird

VERWENDUNG

Vanille-Karamell-Millefeuille (S. 178)
Fraisier (S. 249)

UTENSILIEN

Kasserolle
Rührschüssel
Schneebesen
flache Form
Frischhaltefolie
Küchenmaschine mit Schneebesen
Teigspatel

ERGIBT 600G

Zubereitung: 35 Minuten
Garzeit: 10 Minuten
Ruhezeit: 1 Stunde im Kühlschrank oder 10 bis 20 Minuten im Gefrierschrank

ZUTATEN

150g Butter

CRÈME PÂTISSIÈRE
350ml Milch
Mark von 1 Vanilleschote
50g Zucker
60g Eigelb
35g Cremepulver

Crème Mousseline

1. Grundrezept Crème Pâtissière (S. 210) in den angegebenen Mengen zubereiten.
2. Die Crème in eine große flache Form geben und die Oberfläche mit Frischhaltefolie abdecken. 10 bis 20 Minuten im Gefrierschrank kühl stellen.
3. Die Butter mit dem Schneebesen cremig rühren.
4. Die Crème Pâtissière in einer Küchenmaschine mit Schneebesen glatt rühren.
5. Nach und nach unter Rühren die Butter dazugeben.

TECHNIKEN

Mischung hell und schaumig rühren, abgebundene Creme zubereiten, Butter cremig rühren

TIPP

Die Butter lässt sich mit Raumtemperatur leichter cremig schlagen.

HINWEIS

Die Crème Pâtissière sollte sehr kalt sein, bevor Sie sie mit der cremigen Butter mischen.

1

2

3

5

3

4

6

TECHNIKEN

Creme aufschlagen, Mischung hell und schaumig rühren, abgebundene Creme zubereiten, Karamell herstellen (S. 279)

TIPP

Salz ist ein guter Geschmacksverstärker, geben Sie eine Prise davon in die Crème Pâtissière.

HINWEIS

Die Crème Pâtissière muss noch warm sein, wenn sie in die Baisermasse eingerührt wird.

DEFINITION

Gelierte und mit italienischem Baiser angereicherte Crème Pâtissière

VERWENDUNG

Saint-Honoré mit Himbeeren (S. 96)

UTENSILIEN

kleine Schüssel
Kasserollen
Rührschüssel
Schneebesen
Frischhaltefolie
Zuckerthermometer
Backpinsel
Küchenmaschine mit Schneebesen

ERGIBT 350G

Zubereitung: 45 Minuten
Garzeit: 10 Minuten

ZUTATEN

4g Gelatine

CRÈME PÂTISSIÈRE
125ml Milch
Mark von 1 Vanilleschote
33g Zucker
60g Eigelb
10g Cremepulver

ITALIENISCHES BAISER
35ml Wasser
110g Zucker
75g Eiweiss

Crème Chiboust Vanille

1 Die Gelatine in einer kleinen Schüssel mit sehr kaltem Wasser einweichen.

2 **Crème Pâtissière**

Grundrezept Crème Pâtissière zubereiten (S. 210).

3 Die Gelatine ausdrücken und in die noch lauwarme Crème Pâtissière geben.

4 Die Mischung in eine Rührschüssel füllen und die Oberfläche mit Frischhaltefolie abdecken. Bei Raumtemperatur beiseitestellen.

5 **Italienisches Baiser**

Grundrezept italienisches Baiser zubereiten (S. 186).

6 Die Crème noch lauwarm (maximal 45 °C) zur noch warmen gelierten Crème Pâtissière geben und verrühren. Sofort verwenden.

DEFINITION

Abgebundene Creme mit Zucker und Vanille für die Zubereitung von Flans

VERWENDUNG

Flan Pâtissier (S. 41)

UTENSILIEN

Kasserolle
Rührschüssel
Schneebesen
Teigspatel

ERGIBT 850G

Zubereitung: 20 Minuten
Garzeit: 10 Minuten
Ruhezeit: 30 Minuten

ZUTATEN

500ml Milch
125g Sahne
80g Zucker
Mark von 3 Vanilleschoten
100g Eigelb
50g Cremepulver
50g gesalzene Butter

Crème Caramel

1 Crème Caramel

Milch und Sahne in einer Kasserolle mit der Hälfte des Zuckers und dem Vanillemark erhitzen.

2 Mit einem Schneebesen Eigelbe und restlichen Zucker hell und schaumig rühren.

3 Das Cremepulver hineingeben und weiterschlagen, bis alles gut vermischt ist.

4 Nach dem Aufkochen einen Teil der heißen Milch-Sahne-Mischung zur Eigelbmischung geben und alles mit dem Schneebesen verrühren.

5 Alles zurück in die Kasserolle gießen und noch etwa 1 Minute unter ständigem Rühren erhitzen, bis die Konsistenz einer Crème Pâtissière erreicht ist.

6 Vom Herd nehmen und die Butter dazugeben.

7 Bis zur Verwendung 30 Minuten bei Raumtemperatur ruhen lassen.

TECHNIKEN

Mischung hell und schaumig rühren, abgebundene Creme zubereiten

HINWEIS

Halten Sie die Ruhezeit ein, damit die Crème schön glatt wird und ihr Aroma entfalten kann.

1

2

3

4

5

6

6

3

HINWEIS

Wichtig ist bei dieser Methode die richtige Temperatur: Wenn kleine Butterstückchen in der Pâte à Bombe erkennbar sind, erwärmen Sie die Masse ein wenig, damit sich die Butter besser mit den Zutaten vermischt. Wenn die Mischung hingegen nicht die feste Konsistenz einer Buttercreme annimmt, ist sie zu warm. In diesem Fall muss man sie etwas kühlen, damit die Butter fest wird.

5

7

8

DEFINITION

Sahnige Creme mit Butter als Hauptzutat, die Bestandteil zahlreicher Kuchen und Cremes ist. Es gibt verschiedene Methoden, eine Buttercreme zuzubereiten: auf der Grundlage einer Crème Anglaise und weicher Butter oder auf der Grundlage eines italienischen Baisers und weicher Butter.

UTENSILIEN

Kasserolle
Messer
Küchenmaschine mit Schneebesen
Zuckerthermometer
Backpinsel

VERWENDUNG

Schokoladen-Religieuses (S. 84)
Himbeer-Pistazien-Macarons (S. 190)

ERGIBT 500G

Zubereitung: 10 Minuten
Garzeit: 10 Minuten
Ruhezeit: Kühlzeit

ZUTATEN

KARAMELL
70ml Wasser, 200g Zucker

CREME
240g Butter
50g Ei und 60g Eigelb

Buttercreme, Methode »Pâte à Bombe«

1 **Karamell**

Wasser und Zucker in einer Kasserolle erhitzen.

2 **Creme**

Die Butter in kleine Stücke schneiden und bei Raumtemperatur weich werden lassen.

3 In einer Küchenmaschine mit Schneebesen Ei und Eigelb bei mittlerer Geschwindigkeit schaumig schlagen.

4 Sobald das Karamell 121°C erreicht hat, die Geschwindigkeit der Küchenmaschine reduzieren und das Karamell in einem dünnen Strahl zum Ei gießen.

5 Die Geschwindigkeit erhöhen und bis zum Abkühlen bei hoher Geschwindigkeit schlagen.

6 Sobald die Pâte à Bombe abzukühlen beginnt, stufenweise die Geschwindigkeit reduzieren, damit die Masse nicht zusammenfällt.

7 Sobald sie 29°C erreicht hat, nach und nach die Butterwürfel dazugeben.

8 Die Buttercreme glatt rühren.

9 Bis zur Verwendung in den Kühlschrank stellen.

WUSSTEN SIE SCHON?

Der Begriff »Pâte à Bombe« bezeichnet eine Masse aus Eigelb und Zuckersirup, die bis zum Abkühlen mit dem Schneebesen geschlagen wird.

TECHNIKEN

Karamell herstellen (S. 279), Creme aufschlagen, Pâte à Bombe zubereiten

TIPP

Die Buttercreme lässt sich mit unterschiedlichen Zutaten aromatisieren, wie z.B. Kaffeeextrakt, geschmolzene Schokolade, Pistazienpaste oder Vanillemark. Geben Sie diese Zutaten aber immer erst ganz zum Schluss hinzu.

DEFINITION

Abgebundene, gekochte Creme aus Eigelb, Zucker, Milch und Vanille

VERWENDUNG

Crème Bavaroise (S. 225)

Entremets Trois Chocolats (S. 236)

UTENSILIEN

Kasserolle
Schneebesen
Rührschüssel
Teigspatel
Zuckerthermometer
Spitzsieb

ERGIBT 500 G

Zubereitung: 10 Minuten

Garzeit: 10 Minuten

ZUTATEN

400 ml Milch
100 g Zucker
2 Vanilleschoten
100 g Eigelb

Crème Anglaise

1 In einer Kasserolle die Milch, die Hälfte des Zuckers und die aufgeschlitzten Vanilleschoten mitsamt dem herausgeschabten Mark erhitzen.

2 In einer Rührschüssel Eigelb mit dem restlichen Zucker hell und schaumig rühren.

3 Nach dem Aufkochen die Hälfte der Milchmischung unter ständigem Schlagen mit dem Schneebesen zur Eiermischung gießen.

4 Die Mischung in die Kasserolle geben und erneut erhitzen. Kräftig schlagen und dabei mit dem Schneebesen eine »8« rühren.

5 Die Gartemperatur kontrollieren: Die Crème muss auf 85 °C erhitzt werden und so eindicken, dass sie beim Eintauchen eines Löffels den Löffelrücken überzieht, statt an ihm herabzulaufen.

6 Die Crème durch ein Spitzsieb filtern.

TECHNIKEN

Mischung hell und schaumig rühren, abgebundene Creme zubereiten und zur Rose abziehen

HINWEIS

Die Temperatur immer mit dem Thermometer kontrollieren, auch aus hygienischen Gründen.

1

2

4

5

6

2

3

4

5

6

Crème Bavaroise

DEFINITION

Creme auf Basis einer gelierten Crème Anglaise, die durch das Unterziehen von Crème Fouettée leichter und luftiger gemacht wird

VERWENDUNG

Birnen-Karamell-Charlotte (S. 244)

UTENSILIEN

- kleine Schüssel
- Kasserolle
- Schneebesen
- Rührschüssel
- Teigspatel
- Zuckerthermometer
- Spitzsieb
- Eiswürfel
- Küchenmaschine mit Schneebesen
- Teigschaber

ERGIBT 500G

Zubereitung: 25 Minuten
Garzeit: 10 Minuten
Ruhezeit: Kühlzeit

ZUTATEN

10g Gelatine

CRÈME ANGLAISE

400ml Milch
100g Zucker
100g Eigelb
Mark von 2 Vanilleschoten

CRÈME FOUETTÉE

350g Sahne (30% Fett)

1 Die Gelatine in einer kleinen Schüssel mit kaltem Wasser einweichen.

2 **Crème Anglaise**

Grundrezept Crème Anglaise zubereiten (S. 222).

3 Die ausgedrückte Gelatine dazugeben und die Schüssel mit der Crème sofort in Eiswasser stellen.

4 **Crème Fouettée**

Die Sahne in einer Küchenmaschine mit Schneebesen steif schlagen.

5 Sobald die Crème Anglaise 22 bis 23°C erreicht hat, einen Teil der Crème Fouettée dazugeben.

6 Glatt rühren und die restliche Crème Fouettée untermischen.

TIPP

Falls die Crème zu stark eindickt, zusammen mit 50 Gramm kalter Sahne im Standmixer vermischen.

TECHNIKEN

Mischung hell und schaumig rühren, Creme aufschlagen und zur Rose abziehen

HINWEIS

Es empfiehlt sich, die Crème zum Abkühlen in Eiswasser zu stellen, denn im Gefrierschrank kann man sie schnell einmal vergessen!

DEFINITION

Sahnige Creme mit Butter und Mandeln

VERWENDUNG

Tarte Amandine mit Himbeeren (S. 36)
Tarte Bourdaloue (S. 50)
Dartois (S. 167)
Pithiviers (S. 170)

UTENSILIEN

Rührschüssel
Schneebesen

ERGIBT 220G

Zubereitung: 10 Minuten

ZUTATEN

65g Butter
35g Zucker
Mark von 1/2 Vanilleschote
50g Ei
65g gemahlene Mandeln
5g Mehl
5ml Rum

Crème d'Amande

1 Die Butter weich und cremig rühren.

2 Zucker und Vanillemark dazugeben und alles mit dem Schneebesen mischen.

3 Weiterschlagen und das verquirlte Ei hinzufügen.

4 Die gemahlenen Mandeln und das Mehl untermischen.

5 Den Rum dazugeben und alles gut umrühren. Die Crème bis zur Verwendung beiseitestellen.

TECHNIKEN

Butter cremig rühren

TIPP

Sie können die Crème auch mit Gewürzen, Aromen, Spirituosen oder Zitrusschalen aromatisieren. Oder Sie geben für eine Frangipane-Crème 30% gut gekühlte Crème Pâtissière dazu.

HINWEIS

Diese Crème ist sehr leicht zuzubereiten. Am schnellsten geht es in einer Küchenmaschine mit Rührblatt.

1

2

3

4

5

2

3

4

6

7

DEFINITION

LOCKERE MOUSSE AUS GELIERTER CRÈME FOUETTÉE UND PÜRIERTEN BEEREN

VERWENDUNG

MIROIR MIT ROTEN FRÜCHTEN (S. 241)

UTENSILIEN

- KLEINE SCHÜSSEL
- SCHNEEBESEN
- RÜHRSCHÜSSEL
- KASSEROLLE
- ZUCKERTHERMOMETER
- KÜCHENMASCHINE MIT SCHNEEBESEN
- TEIGSCHABER

ERGIBT 700 G

ZUBEREITUNG: 20 MINUTEN

ZUTATEN

- 8 G GELATINE (BLÄTTER)
- 30 G PUDERZUCKER
- 300 G JOHANNISBEER-ERDBEER-PÜREE
- 300 G KALTE SAHNE
- 100 G MASCARPONE

Beeren-Mousse

1. Die Gelatineblätter in einer kleinen Schüssel mit sehr kaltem Wasser einweichen.
2. Den Puderzucker mit den pürierten Früchten mischen.
3. Im Wasserbad auf 23 °C erhitzen.
4. Die Gelatine ausdrücken und zum Beerenpüree geben.
5. In einer Küchenmaschine mit Schneebesen die gut gekühlte Sahne mit der Mascarpone mischen.
6. Sobald die Beerenmischung 23 °C erreicht hat, einen Teil der Sahne-Mascarpone-Mischung unterheben.
7. Vorsichtig die restliche Mischung mit einem Teigschaber unterziehen.

TECHNIKEN

CREME AUFSCHLAGEN

TIPP

DIE FRÜCHTE FÜR IHRE ENTREMETS UND CHARLOTTES KÖNNEN SIE GANZ NACH BELIEBEN WÄHLEN. DIE METHODE IST FÜR ALLE MOUSSES MIT BEEREN DIESELBE.

HINWEIS

Beginnen Sie früh genug mit der Zubereitung, denn es braucht Zeit, bis die Gelatine fest wird.

DEFINITION

Schokoladenmousse auf der Grundlage einer gelierten Crème Fouettée, gemischt mit einer »Pâte à Bombe«, die aus aufgeschlagenem Eigelb und Zuckersirup besteht

VERWENDUNG

Entremets Royal Chocolat (S. 252)

UTENSILIEN

Kasserolle
Küchenmaschine mit Schneebesen
Zuckerthermometer
Rührschüssel
Schneebesen
Teigspatel
Messer

ERGIBT 700G

Zubereitung: 30 Minuten
Garzeit: 10 Minuten
Ruhezeit: Kühlzeit

ZUTATEN

PÂTE À BOMBE
10ml Wasser
40g Zucker
20g Glucosesirup
110g Eigelb

GANACHE
190g dunkle Schokoladenkuvertüre
60g Sahne

CRÈME FOUETTÉE
320g kalte Sahne

Mousse au Chocolat, Methode »Pâte à Bombe«

1 **Pâte à Bombe**
Wasser, Zucker und Glucosesirup in einer Kasserolle erhitzen.

2 In einer Küchenmaschine mit Schneebesen das Eigelb bei mittlerer Geschwindigkeit verquirlen.

3 Sobald der Sirup 121 °C erreicht hat, die Geschwindigkeit der Küchenmaschine reduzieren und den Sirup in einem dünnen Strahl zum Eigelb gießen.

4 Die Mischung einige Minuten mit hoher Geschwindigkeit rühren.

5 Wenn die Pâte à Bombe abzukühlen beginnt, die Geschwindigkeit nach und nach reduzieren, damit die Masse nicht zusammenfällt.

6 **Ganache**
Die Schokoladenkuvertüre hacken.

7 In einer Kasserolle die Sahne zum Kochen bringen.

8 Die Sahne über die gehackte Kuvertüre gießen. 1 Minute warten, bis sie zu schmelzen beginnt, dann erst umrühren.

9 **Crème Fouettée**
Die gut gekühlte Sahne in einer Küchenmaschine mit Schneebesen steif schlagen.

10 Die geschlagene Sahne vorsichtig mit der Ganache vermischen.

11 Die Pâte à Bombe unter die Schokoladen-Sahne-Mischung heben.

8

9

11

TECHNIKEN

CREME AUFSCHLAGEN, ZUCKERSIRUP HERSTELLEN (S. 11), PÂTE À BOMBE ZUBEREITEN

TIPP

ZUM AROMATISIEREN DER SAHNE FÜR DIE GANACHE TONKABOHNEN, VANILLE ODER FRISCHE MINZE IN DIE HEISSE SAHNE GEBEN UND ZIEHEN LASSEN.

HINWEIS

Bei der Zubereitung der Pâte à Bombe ist große Sorgfalt geboten. Es ist gar nicht so einfach, eine kleine Menge herzustellen.

2

3

4

DEFINITION

Schmelzende, dickflüssige Zubereitung aus Schokolade

VERWENDUNG

Schokoladen-Tarte (S. 58)
Schokoladen-Religieuses (S. 84)

UTENSILIEN

Kasserolle
Messer
Rührschüssel
Teigspatel

ERGIBT 350G

Zubereitung: 10 Minuten
Garzeit: 5 Minuten

ZUTATEN

190g Sahne
20g Glucosesirup
150g dunkle Kuvertüre (70% Kakao) oder Kuvertüre-Chips
25g gesalzene Butter

Schokoladen-Ganache

1. In einer Kasserolle Sahne und Glucosesirup zum Kochen bringen.
2. Die Mischung auf die gehackte Schokoladenkuvertüre oder Kuvertüre-Chips geben.
3. Mit einem Teigspatel mischen.
4. Die Butter in Würfel schneiden, dazugeben und umrühren, bis die Mischung in einem schönen, glänzenden »Band« vom Löffel fließt.

TIPP

Glucosesirup können Sie durch Honig ersetzen. Glucosesirup wird in der professionellen Patisserie verwendet, weil er für einen schönen Glanz und eine cremige Konsistenz sorgt und ein zu schnelles Austrocknen der Ganache verhindert.

HINWEIS

Ganache herzustellen ist kinderleicht! Für die perfekte Konsistenz können Sie die Zutaten auch in einem Standmixer vermischen. Achten Sie nur darauf, dass keine Luft hineingerät.

Entremets

VERWENDETE GRUNDREZEPTE

Sacher-Biskuit (S. 201)
Crème Anglaise (S. 222)

FÜR 1 ENTREMETS MIT 20 CM DURCHMESSER

Zubereitung: 1 Stunde und 30 Minuten
Garzeit: 35 Minuten
Ruhezeit: 1 Stunde

TECHNIKEN

Eiweiß steif schlagen, abgebundene Creme zubereiten, Creme zur Rose abziehen, Tortenring auskleiden

Entremets Trois Chocolats

UTENSILIEN

- Küchenmaschine mit Rührblatt und Schneebesen
- Mehlsieb
- Backpapier
- Rührschüsseln
- Teigspatel
- Teigschaber
- 1 Tortenring mit 20 cm Durchmesser (4,5 cm Höhe)
- 1 Tortenring mit 16 cm Durchmesser
- Backblech
- Kuchengitter
- Kasserollen
- Schneebesen
- Zuckerthermometer
- Spitzsieb
- kleine Schüssel
- Tortenrandfolie
- Acetatfolie
- Konditormesser mit Wellenschliff
- Puderzuckersieb
- runder Goldkarton
- Winkelpalette

ZUTATEN

SACHER-BISKUIT

- 100 g Marzipan 50/50
- 25 g Zucker
- 50 g Ei, 65 g Eigelb und 90 g Eiweiß
- 35 g Zucker
- 30 g Kakaopulver
- 30 g Mehl
- 30 g zerlassene Butter und etwas Butter für den Tortenring

CRÈME ANGLAISE

- 125 ml Milch
- 25 g Zucker
- 65 g Eigelb

WEISSE SCHOKOLADE

- 4 g Gelatine
- 80 g Sahne
- 36 g weiße Schokoladenkuvertüre
- 75 g Crème Anglaise (oben)

MILCHSCHOKOLADE

- 36 g Milchschokoladenkuvertüre
- 4 g Gelatine
- 75 g Crème Anglaise (links)
- 80 g Sahne

DUNKLE SCHOKOLADE

- 36 g dunkle Schokoladenkuvertüre
- 3 g Gelatine
- 75 g Crème Anglaise (links)
- 80 g Sahne

GARNIEREN UND ANRICHTEN

- 10 g Kakaopulver
- 100 g neutrale Glasur
- Schokoladendekor (S. 267)
- Blattgold und Goldstaub

HINWEIS

Durch das Backen des Biskuits im Tortenring können Sie Reste vermeiden, denn er hat genau die richtige Größe für den Teigboden.

TIPP

Für eine knusprige Note können Sie die Milchschokoladenschicht mit einigen Würfeln Praliné Feuilleté (S. 283) bestreuen.

HINWEIS

Lassen Sie jede Schicht im Gefrierschrank fest werden, bevor Sie die nächste auftragen.

Entremets
Trois Chocolats

1 **Sacher-Biskuit**

Grundrezept Sacher-Biskuit (S. 201) in den angegebenen Mengen zubereiten, in einem gefetteten Tortenring mit 16 Zentimetern Durchmesser backen und auskühlen lassen.

2 **Crème Anglaise**

Grundrezept Crème Anglaise (siehe S. 222) in den angegebenen Mengen zubereiten.

3 **Schokolade**

Gelatine in einer kleinen Schüssel mit sehr kaltem Wasser einweichen.

4 Die weiße Schokoladenschicht herstellen: Dafür die Sahne in einer Küchenmaschine mit Schneebesen zu einer lockeren Crème Fouettée schlagen. Bis zur Verwendung in den Kühlschrank stellen.

5 Die Schokolade hacken und im Wasserbad schmelzen lassen.

6 Die ausgedrückte Gelatine mit noch lauwarmer Crème Anglaise mischen.

7 Sobald die Crème Anglaise 42 °C erreicht hat, auf einmal zur geschmolzenen Schokolade geben und alles kräftig schlagen.

8 Etwa ein Drittel der Crème Fouettée dazugeben und schnell vermischen.

9 Die restliche Crème Fouettée dazugeben und alles zu einer glatten, homogenen Masse verrühren.

10 Den Tortenring mit Tortenrandfolie auskleiden und auf ein Blatt Acetatfolie setzen.

11 Weiße Schokolade hineingeben. Im Gefrierschrank fest werden lassen und die Milchschokoladenschicht zubereiten.

12 Für die Milchschokolade genauso vorgehen: Die Schokolade schmelzen, die Gelatine mit der Crème Anglaise mischen und die 42 °C warme Crème Anglaise auf einmal zur Schokolade geben. Die Crème Fouettée einrühren.

13 Die Milchschokoladenschicht in den Tortenring füllen. Im Gefrierschrank fest werden lassen und die dunkle Schokoladenschicht zubereiten.

14 Für die dunkle Schokolade genauso vorgehen: Die Schokolade schmelzen, die Gelatine mit der Crème Anglaise mischen und die 42 °C warme Crème Anglaise auf einmal zur Schokolade geben. Die Crème Fouettée einrühren.

15 Die dunkle Schokoladenschicht in den Tortenring füllen.

16 Den Sacher-Biskuit mit einem Konditormesser waagrecht in drei runde Teigböden schneiden.

17 Einen Sacher-Biskuit-Boden in die Mitte des Tortenrings setzen und leicht andrücken. Restliche Böden anderweitig verwenden.

18 Das Entremets für 1 Stunde in den Gefrierschrank stellen.

19 **Garnieren und anrichten**

Das Entremets auf ein Kuchengitter stürzen.

20 Mithilfe eines feinen Siebs und eines runden Goldkartons als Schablone einen Halbmond aus Kakaopulver auftragen.

21 Die neutrale Glasur mit einer Winkelpalette auftragen, glatt streichen.

22 Mit Schokoladendekor, Blattgold und Goldstaub verzieren.

9

11

13

14

16

17

20

21

Für 1 Entremets mit 20cm Durchmesser

Zubereitung: 1 Stunde und 30 Minuten
Garzeit: 25 Minuten
Ruhezeit: 1 Stunde

Miroir mit roten Früchten

Utensilien

Mehlsieb
Küchenmaschine mit Schneebesen
Backpapier
Teigspatel
Spritzbeutel
Lochtülle Gr. 10
Backblech
Tortenringe mit 20cm und 18cm Durchmesser (4,5cm Höhe)
Schneebesen
Rührschüsseln
Kasserollen
Zuckerthermometer
kleine Schüssel
Spitzsieb
Stabmixer
Acetatfolie
Tortenrandfolie
Officemesser
Winkelpalette
Flambierbrenner
Kuchengitter
flache Form oder grosser Teller
runder Goldkarton

Verwendete Grundrezepte

Succès Amande (S. 205)
Farbige Spiegelglasur (S. 284)
Beeren-Mousse (S. 229)

Zutaten

Succès Amande
150g Puderzucker
25g Speisestärke
150g gemahlene Mandeln
130g Eiweiss
20g Zucker

Farbige Spiegelglasur
75ml Wasser
13g Gelatine
150g Zucker
150g Glucosesirup
150g helle Kuvertüre
100ml gezuckerte Kondensmilch
Lebensmittelfarbe

Beeren-Mousse
8g Gelatine (Blätter)
30g Puderzucker
300g Johannisbeer-Erdbeer-Püree
300g kalte Sahne
100g Mascarpone

Füllung
100g Himbeeren
100g Heidelbeeren
50g Brombeeren

Garnieren und Anrichten
Puderzucker zum Bestäuben
50g Himbeeren
50g Brombeeren
30g Heidelbeeren
30g Johannisbeeren
essbare Blüten
Macaron-Schalen nach Belieben (S. 190)

Techniken

Eiweiss steif schlagen, Spritzbeutel befüllen, dressieren, Creme aufschlagen, Tortenring auskleiden, Entremets glasieren

Tipp

Sie können die Beeren für Ihr Entremets variieren. Ob als fertiges Püree oder direkt vor der Zubereitung im Mixer püriert – Hauptsache, sie sind schön reif und süss!

4

5

6

7

8

10

12

14

15

Miroir mit roten Früchten

1 **Succès Amande**

Aus einem Grundrezept Succès Amande zwei Biskuitböden mit 18 Zentimetern Durchmesser zubereiten (S. 205), backen und abkühlen lassen.

2 **Farbige Spiegelglasur**

Grundrezept farbige Spiegelglasur zubereiten (S. 284).

3 **Beeren-Mousse**

Grundrezept Beeren-Mousse zubereiten (S. 229).

4 **Füllung**

Einen Tortenring auf ein Blatt Acetatfolie setzen und mit Tortenrandfolie auskleiden.

5 Den Tortenring mit etwas Beeren-Mousse auskleiden.

6 Mithilfe eines Tortenrings mit 18 Zentimetern Durchmesser und einem Officemesser zwei saubere Teigkreise aus den Succès-Amande-Böden ausschneiden.

7 Einen Boden in den Tortenring legen und mit einer Schicht Beeren-Mousse bestreichen.

8 Eine Schicht gewaschene, trocken getupfte Beeren daraufgeben und eine weitere Schicht Beeren-Mousse daraufstreichen.

9 Den zweiten Biskuitboden darauflegen und leicht andrücken.

10 Eine letzte Schicht Mousse auftragen und mit einer Winkelpalette glatt streichen.

11 Das Entremets 1 Stunde in den Gefrierschrank stellen.

12 **Garnieren und anrichten**

Entremets auf einen Karton setzen und auf eine umgedrehte Rührschüssel stellen. Tortenring rundherum mit dem Flambierbrenner erhitzen, um das Auslösen zu erleichtern.

13 Das noch tiefgefrorene Entremets über einer flachen Form oder einem großen Teller auf ein Kuchengitter setzen.

14 Die Glasur auf eine Temperatur von 28 bis 29 °C erwärmen und über dem Entremets verteilen. Mit einer Winkelpalette glatt streichen.

15 Das Entremets auf einen großen runden Goldkarton setzen und mit gewaschenen, trocken getupften und mit Puderzucker bestäubten Beeren und Blüten dekorieren. Den Rand nach Belieben mit Macaron-Schalen verzieren.

HINWEIS

Beginnen Sie früh genug mit der Zubereitung des Entremets: Es muss im Gefrierschrank tiefgefroren werden, damit es leichter auszulösen ist und die Glasur ebenmäßig aufgetragen werden kann.

FÜR 8 PERSONEN – 1 ENTREMETS MIT 20CM DURCHMESSER

Zubereitung: 1 Stunde und 30 Minuten
Garzeit: 30 Minuten
Ruhezeit: 1 Stunde im Kühlschrank
oder 20 Minuten im Gefrierschrank

Birnen-Karamell-Charlotte

UTENSILIEN

kleine Schüssel
Kasserollen
Schneebesen
Rührschüssel
Teigspatel
Zuckerthermometer
Spitzsieb
Eiswürfel
Küchenmaschine mit Schneebesen
Palette
Teigschaber
Mehlsieb
Backpapier
Spritzbeutel
Lochtülle
Edelstahl-backbleche
Backpinsel
Pfanne
Tortenring mit 20cm Durchmesser (4,5cm Höhe)
Schöpfkelle
Winkelpalette
Messer

VERWENDETE GRUNDREZEPTE

Crème Bavaroise (S. 225)
Löffelbiskuit (S. 197)

ZUTATEN

KARAMELL-BAVAROISE

6g Gelatine
165g Zucker
200ml Milch
50g Eigelb
Mark von 1 Vanilleschote
200g Sahne

LÖFFELBISKUIT

125g Mehl
100g Eigelb und 150g Eiweiss
Mark von 1 Vanilleschote
125g Zucker

ZUCKERSIRUP 30°

100ml Wasser
120g Zucker
20ml Birnenschnaps

KARAMELL-BIRNEN

100g Zucker
150g Birnen in Sirup
50g Butter

GARNIEREN UND ANRICHTEN

300g Birnen in Sirup
100g neutrale Glasur

TECHNIKEN

Mischung hell und schaumig rühren, Creme aufschlagen, zur Rose abziehen, Spritzbeutel befüllen, dressieren, Eiweiss steif schlagen, Zuckersirup herstellen (S. 11), Tortenring auskleiden

TIPP

Sie können verschiedenste Bavaroise-Varianten herstellen, indem Sie die Crème Anglaise aromatisieren, etwa mit Pistazien oder Schokolade, und Früchte Ihrer Wahl verwenden, solange sie nicht zu viel Wasser enthalten.

HINWEIS

Der Zuckersirup 30° (S. 11) kann für viele Rezepte verwendet werden, Sie können also auch größere Mengen davon zubereiten!

Birnen-Karamell-Charlotte

1 **Karamell-Bavaroise**
Die Gelatine in einer Schüssel mit kaltem Wasser einweichen.

2 Kasserolle bei mittlerer Hitze erwärmen, 75 Gramm Zucker langsam einrieseln lassen und ohne Wasser ein braunes Karamell herstellen.

3 Das Karamell mit der erwärmten Milch ablöschen.

4 Die Karamell-Bavaroise gemäß dem Rezept für die Crème Bavaroise zubereiten (S. 225) und dabei die warme Milch in Schritt 2 durch die Karamellmilch ersetzen. Kühl stellen.

5 **Löffelbiskuits**
Grundrezept Löffelbiskuits (S. 197) bis Schritt 6 zubereiten.

6 Teig in einen Spritzbeutel füllen und auf Backpapier einen Streifen von 5 x 22 Zentimetern und zwei Kreise dressieren (20 cm und 15 cm Durchmesser). Die Biskuits 15 bis 20 Minuten im vorgeheizten Backofen backen.

7 **Zuckersirup 30°**
Grundrezept Zuckersirup 30° (S. 11) mit Birnenschnaps in den angegebenen Mengen zubereiten.

8 **Karamellbirnen**
In einer Pfanne aus dem Zucker ohne Zugabe von Wasser ein Karamell herstellen. Die Birnen in Sirup in Würfel schneiden und hineingeben. Butter hinzufügen und alles mischen, bis die Birnen von allen Seiten mit Karamell überzogen sind. Die Birnen auf ein Edelstahl-Backblech legen und bis zur Verwendung in den Kühlschrank stellen.

9 **Garnieren und anrichten**
Den Rand eines Tortenrings mit dem Biskuitstreifen auskleiden, falls nötig, die Ränder zurechtschneiden, damit sie sich nicht überlappen. Den Rand des großen Biskuitkreises sauber zurechtschneiden und in den Tortenring legen.

10 Mit einem Pinsel den Biskuitboden mit etwas Zuckersirup 30° tränken.

11 Eine erste Schicht Karamell-Bavaroise auf den Biskuitboden geben.

12 Die gut gekühlten Karamellbirnenstücke darauf verteilen.

13 Den kleinen Biskuitboden daraufsetzen und leicht andrücken. Mit restlichem Sirup tränken.

14 Bis zum Biskuitrand mit Karamell-Bavaroise füllen.

15 Mit einer Palette glätten und 1 Stunde im Gefrierschrank fest werden lassen.

16 Die Birnen in Sirup in sehr feine Scheiben schneiden und rosettenförmig auf der gesamten Oberfläche der Charlotte anordnen.

17 Mit einer dünnen Schicht recht flüssiger neutraler Glasur überziehen.

orsicht vor Spritzern! Den
opf in diesem Schritt am
esten vom Herd nehmen.

3

8

9

11

15

ie erste Scheibe der Rosette mit der
esserspitze anheben und die letzte
cheibe darunterschieben.

16

17

Die Glasur mit etwas Wasser verdünnen, damit sie flüssiger wird.

FÜR 8 PERSONEN – 1 ENTREMETS MIT 20CM DURCHMESSER

Zubereitung: 1 Stunde und 30 Minuten
Garzeit: 25 bis 35 Minuten
Ruhezeit: 30 bis 45 Minuten

Fraisier

UTENSILIEN

Mehlsieb
Schneebesen
Küchenmaschine mit Schneebesen
Teigspatel
Teigschaber
Spritzbeutel
Lochtülle
Backblech
Backpapier
Kasserolle
Rührschüssel
flache Form
Frischhaltefolie
Officemesser
Tortenring mit 20cm Durchmesser (4,5cm Höhe)
Tortenrandfolie
Palette
Backpinsel
Winkelpalette

VERWENDETE GRUNDREZEPTE

Löffelbiskuit (S. 197)
Crème Mousseline (S. 214)
Crème Pâtissière (S. 210)

ZUTATEN

LÖFFELBISKUIT

125g Mehl
100g Eigelb und 150g Eiweiss
Mark von 1 Vanilleschote
125g Zucker

CRÈME MOUSSELINE

150g Butter

CRÈME PÂTISSIÈRE

350ml Milch
Mark von 1 Vanilleschote
50g Zucker
60g Eigelb
35g Cremepulver

ERDBEERSIRUP

50ml Wasser
50g Zucker
100g Erdbeerpüree

GARNIEREN UND ANRICHTEN

500g Erdbeeren (z.B. Gariguette)
30g Walderdbeeren, Himbeeren, Johannisbeeren und Pistazien
rote Lebensmittelfarbe
100g neutrale Glasur
Puderzucker

TECHNIKEN

Eiweiss steif schlagen, Spritzbeutel befüllen, Mischung hell und schaumig rühren, abgebundene Creme zubereiten, Butter cremig rühren, dressieren, Tortenring auskleiden

TIPP

Die Crème Mousseline beim Auskleiden des Tortenrings mit einer kleinen Palette fest von unten nach oben gegen die Erdbeeren drücken, damit sie gut am Rand haftet.

HINWEIS

Wählen Sie zum Auskleiden des Tortenrings nur die schönsten, gleichmäßig großen Erdbeeren aus und heben Sie die restlichen für die Füllung auf.

5

6

7

8

10

11

13

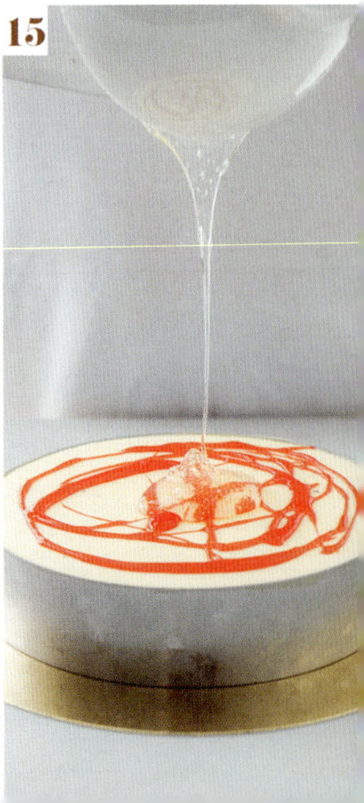
15

Fraisier

1 **Löffelbiskuit**

Grundrezept Löffelbiskuits (S. 197) bis Schritt 6 zubereiten. Die Masse in einen Spritzbeutel mit Lochtülle füllen und zwei Kreise mit 18 Zentimetern Durchmesser auf ein mit Backpapier ausgelegtes Backblech dressieren. 15 bis 20 Minuten im vorgeheizten Backofen backen.

2 **Crème Mousseline**

Grundrezept Crème Mousseline zubereiten (S. 214).

3 **Erdbeersirup**

In einer Kasserolle Wasser und Zucker zum Kochen bringen, sofort über das Erdbeerpüree gießen und alles mischen.

4 **Garnieren und anrichten**

Beeren waschen und trocken tupfen. 100 Gramm Erdbeeren halbieren, die restlichen vierteln.

5 Den Tortenring mit Tortenrandfolie auslegen und mit den halbierten Erdbeeren auskleiden, sodass die Schnittfläche nach außen zeigt.

6 Den Ring mithilfe einer Palette mit etwas Crème Mousseline auskleiden.

Den Ring leicht anheben, um zu prüfen, ob die Zwischenräume zwischen den Erdbeeren überall mit der Crème gefüllt sind.

7 Mit einem Pinsel einen Biskuitboden mit etwas Erdbeersirup tränken und in die Mitte des Tortenrings setzen.

8 Eine Schicht Crème Mousseline auftragen und mit einer Winkelpalette glatt streichen.

9 Die geviertelten Erdbeeren darauf verteilen.

10 Eine weitere Schicht Crème Mousseline daraufgeben und mit einer Winkelpalette glatt streichen.

11 Den zweiten Biskuitboden mit Erdbeersirup tränken und auf die Cremeschicht setzen. Fest andrücken, damit er niedriger ist als der Rand des Tortenrings.

Eine letzte Schicht Crème Mousseline auftragen und von innen nach außen glatt streichen. Es muss Crème an der Palette haften bleiben. Zum Schluss mit beiden Händen glätten.

12 Das Entremets 30 bis 45 Minuten im Kühlschrank fest werden lassen.

13 Etwas rot gefärbte neutrale Glasur auf das gekühlte Entremets geben. Darauf etwas neutrale Glasur geben und mit der Palette glatt streichen.

14 Das Entremets mit einigen mit Puderzucker bestäubten Beeren und Pistazien dekorieren.

VERWENDETE GRUNDREZEPTE

Sacher-Biskuit (S. 201)
Mousse au Chocolat (S. 230)
Praliné Feuilleté (S. 283)
Schokoladenspiegelglasur (S. 287)

FÜR 8 PERSONEN – 1 ENTREMETS MIT 20CM DURCHMESSER

Zubereitung: 1 Stunde und 45 Minuten
Garzeit: 50 Minuten
Ruhezeit: 1 Stunde + Kühlzeit

Entremets Royal Chocolat

UTENSILIEN

Messer
Küchenmaschine mit Rührblatt und Schneebesen
Mehlsieb
Backpapier
Rührschüsseln
Teigschaber
Teigspatel
Backblech
Kuchengitter
Kasserollen
Schneebesen
Zuckerthermometer
Spritzbeutel
Lochtülle
Teigroller
Spitzsieb
Frischhaltefolie
Konditormesser mit Wellenschliff
Tortenringe mit 20cm und 18cm Durchmesser (4,5cm Höhe)
Tortenrandfolie
Palette, Goldkarton
flache Form oder grosser Teller
Winkelpalette
Ausstecher mit 8cm Durchmesser

ZUTATEN

SACHER-BISKUIT

100g Marzipan 50/50
60g Zucker
50g Ei, 65g Eigelb und 90g Eiweiss
30g Mehl
30g Kakaopulver
30g zerlassene Butter und etwas Butter für den Tortenring

SCHOKOLADENSPIEGELGLASUR

280ml Wasser
360g Zucker
120g Kakaopulver
210g Sahne
14g Gelatine

PRALINÉ FEUILLETÉ

25g weisse Kuvertüre
125g Haselnusspaste
90g Pailleté Feuilletine

MOUSSE AU CHOCOLAT

60g Sahne
190g dunkle Kuvertüre
40g Zucker
10ml Wasser
20g Glucosesirup
110g Eigelb

CRÈME FOUETTÉE

320g Sahne

GARNIEREN UND ANRICHTEN

Goldstaub
Praliné Feuilleté (gewürfelt)

TECHNIKEN

Eiweiss steif schlagen, Zuckersirup herstellen (S. 11), Tortenring auskleiden, Creme aufschlagen, Pâte à Bombe herstellen, Teig ausrollen, Entremets glasieren, Spritzbeutel befüllen, dressieren

TIPP

Sie können Ihr Entremets auch mit Schokoladendekor verzieren (S. 267).

HINWEIS

Das Entremets muss im Gefrierschrank fest werden, damit es sich leicht und sauber aus dem Tortenring lösen lässt.

Entremets Royal Chocolat

1 **Sacher-Biskuit**

Grundrezept Sacher-Biskuit zubereiten (S. 201), backen und auskühlen lassen.

2 **Schokoladenspiegelglasur**

Grundrezept Schokoladenspiegelglasur zubereiten (S. 287).

3 **Praliné Feuilleté**

Grundrezept Praliné Feuilleté zubereiten (S. 283).

4 **Mousse au Chocolat**

Grundrezept Mousse au Chocolat zubereiten (S. 230). Zum Dekorieren einen Spritzbeutel mit Lochtülle mit 100 Gramm Mousse füllen (S. 12). Alles in den Kühlschrank stellen.

5 **Garnieren und anrichten**

Den Sacher-Biskuit mit einem Konditormesser waagrecht in drei runde Teigböden schneiden.

6 Den Rand des Tortenrings erst mit Folie, dann mithilfe einer Palette mit der Mousse au Chocolat auskleiden.

7 Den ersten Biskuitboden in den Tortenring setzen.

8 Eine Schicht Mousse au Chocolat bis zur halben Höhe des Rings daraufgeben.

9 Mit Praliné Feuilleté bestreuen.

10 Mit einer weiteren Schicht Mousse au Chocolat bedecken und mit der Palette glätten.

11 Den zweiten Biskuitboden daraufsetzen und leicht andrücken.

12 Bis zum Rand des Rings mit etwas Mousse auffüllen und glatt streichen. Verbleibenden Boden anderweitig verwenden.

13 Das Entremets 1 Stunde in den Gefrierschrank stellen.

14 Noch tiefgekühlt aus dem Tortenring lösen, um einen sauberen Rand zu erhalten. Auf Goldkarton setzen und über einem großen Teller auf ein Kuchengitter stellen.

15 Die Glasur auf 28 bis 29 °C temperieren und sofort über das Entremets gießen.

16 Mit einer Winkelpalette glatt streichen.

17 Mit einem runden Ausstecher mit 8 Zentimetern Durchmesser einen Kreis in die Glasur drücken und entlang dieser Linie Tupfer aus Mousse au Chocolat dressieren.

18 Einige mit Goldstaub bestäubte Würfel Praliné Feuilleté auf der Mousse verteilen.

6

7

9

10

12

15

16

17

18

HINWEIS

Warten Sie nicht zu lange mit der Zubereitung Ihres Entremets. Es muss im Gefrierschrank fest werden, damit es sich leichter auslösen lässt und schön ebenmäßig aussieht.

FÜR 8 PERSONEN/1 ENTREMETS MIT 20CM DURCHMESSER

Zubereitung: 1 Stunde und 30 Minuten/Garzeit: 20 Minuten/Ruhezeit: 35 Minuten

Forêt Noire

UTENSILIEN

Küchenmaschine mit Rührblatt und Schneebesen
Mehlsieb
Teigspatel
Backpapier
Rührschüsseln
Tortenring mit 16cm Durchmesser (6cm Höhe)
Tortenring mit 20cm Durchmesser (4,5cm Höhe)
Backblech
Teigschaber
Kuchengitter
Kasserolle
Schneebesen
Konditormesser mit Wellenschliff
flache Form
Frischhaltefolie
Spritzbeutel
Lochtülle Gr. 10 und Gr. 15 und Sterntülle Gr. 15
Palette
Winkelpalette
Tortenrandfolie
Goldkarton
Backpinsel

VERWENDETE GRUNDREZEPTE

Sacher-Biskuit (S. 201)
Crème Pâtissière (S. 210)
Mascarpone-Chantilly (S. 209)

ZUTATEN

SACHER-BISKUIT

100g Marzipan 50/50
25g Zucker
50g Ei, 65g Eigelb und 90g Eiweiss
35g Zucker
30g Kakaopulver
30g Mehl
30g zerlassene Butter und etwas Butter für den Tortenring

SCHOKOLADEN-GANACHE

90g Sahne
90g dunkle Schokoladenkuvertüre
20g Butter

CRÈME MADAME VANILLE

18g Mycryo®-Kakaobutter
300g Crème Fouettée

CRÈME PÂTISSIÈRE

210ml Milch
Mark von 1 Vanilleschote
30g Zucker
22g Eigelb
15g Cremepulver

KIRSCHSIRUP

110ml Wasser
50g Zucker
40g Kirschsirup aus dem Glas

MASCARPONE-CHANTILLY

160g Sahne
95g Mascarpone
Mark von 1 Vanilleschote
20g Puderzucker

GARNIEREN UND ANRICHTEN

150g Schokoladendekor (S. 267)
175g Amarena- oder Griottines-Kirschen
20g edelbitteres Kakaopulver
etwas Puderzucker zum Bestäuben

TECHNIKEN

Eiweiss steif schlagen, Spritzbeutel befüllen, dressieren, Tortenring auskleiden, Zuckersirup herstellen

TIPP

Für eine klassischere Version können Sie die Crème Madame Vanille durch eine Mascarpone-Chantilly ersetzen, damit gewinnen Sie Zeit bei der Fertigstellung.

Forêt Noire

1 **Sacher-Biskuit**
Grundrezept Sacher-Biskuit (S. 201) in den angegebenen Mengen zubereiten, backen und auskühlen lassen.

2 **Schokoladen-Ganache**
Die Sahne zum Kochen bringen.

3 Die heiße Sahne zur gehackten Schokoladenkuvertüre gießen.

4 Die Mischung vorsichtig glatt rühren, aber nicht schlagen.

5 Die Butter in Stücke schneiden und untermischen. Die Ganache in einen Spritzbeutel mit 10er-Lochtülle füllen (S. 12) und bis zur Verwendung in den Kühlschrank legen.

6 **Crème Madame Vanille**
Grundrezept Crème Pâtissière zubereiten (S. 210). Am Ende von Schritt 5 nach dem Kochen der Crème die Kakaobutter hinzufügen.

7 Die Sahne in einer Küchenmaschine mit Schneebesen zu einer lockeren Crème Fouettée schlagen.

8 Sobald die Crème Pâtissière eine Temperatur von 30 °C erreicht hat, die Crème Fouettée unterheben.

9 Die Oberfläche mit Frischhaltefolie abdecken. Die Crème bis zur Verwendung in den Kühlschrank stellen.

10 **Kirschsirup**
Wasser und Zucker in einer Kasserolle zum Kochen bringen.

11 Abkühlen lassen und den Kirschsirup dazugeben. Alles mischen und beiseitestellen.

12 **Schokoladendekor**
Grundrezept Schokoladendekor (S. 267) in den angegebenen Mengen zubereiten.

13 Die Schokoladenkuvertüre hierzu kristallisieren lassen. Mithilfe einer Tortenrandfolie gebogene Schokoladenspäne herstellen (S. 269).

14 **Garnieren und anrichten**
Den Sacher-Biskuit mit einem Konditormesser waagrecht in drei runde Teigböden schneiden.

15 Mithilfe eines Pinsels die Biskuitböden mit Sirup tränken.

16 Tortenring mit Tortenrandfolie auslegen und mithilfe einer Palette 1 Zentimeter dick mit Crème auskleiden.

17 Den ersten Biskuitboden in den Tortenring setzen.

18 Die Ganache in einen Spritzbeutel mit 10er-Lochtülle füllen und in einer Spirale auf den Biskuitboden dressieren.

14

15

16

19 Den zweiten Biskuitboden daraufsetzen und leicht andrücken.

Etwas Crème Madame daraufgeben und mit der Palette glatt streichen. Einige Kirschen gleichmäßig auf der Crème verteilen.

20 Den dritten Biskuitboden daraufsetzen und leicht andrücken.

21 Den Ring bis zum Rand mit Crème Madame füllen und erneut glatt streichen. Das Entremets 15 Minuten in den Gefrierschrank stellen.

22 Mascarpone-Chantilly

Grundrezept Mascarpone-Chantilly (S. 209) in den angegebenen Mengen zubereiten. In zwei Spritztüten mit einer 15er-Lochtülle und 15er-Sterntülle füllen. Bis zur Verwendung in den Kühlschrank stellen.

23 Das Entremets auslösen und mithilfe einer Winkelpalette auf Goldkarton setzen.

24 Die Oberfläche mit gleichmäßig angeordneten Kuppeln aus Mascarpone-Chantilly dekorieren, dabei zwischen Stern- und Lochtülle abwechseln.

25 Durch ein feines Sieb mit Kakaopulver und Puderzucker bestäuben.

26 Mit den restlichen Kirschen und dem Schokoladendekor verzieren.

FÜR 1 ENTREMETS MIT 18CM DURCHMESSER

Zubereitung: 1 Stunde und 30 Minuten/Garzeit: 20 Minuten/
Ruhezeit: 6 Stunden und 40 Minuten

Framboisier

Utensilien

kleine Schüssel
Kasserolle
Rührschüssel
Schneebesen
flache Form
Frischhaltefolie
Küchenmaschine mit Schneebesen
Teigschaber
Teigspatel
Backpapier
Mehlsieb
Spritzbeutel
Lochtülle Gr. 8 und Gr. 13
Backblech
Tortenring mit 20cm Durchmesser
Kugelschreiber
Tortenring mit 18cm Durchmesser (4,5cm Höhe)
Palette
Tortenrandfolie
Messer
Backpinsel
Puderzuckersieb

Verwendete Grundrezepte

Mandel-Dacquoise (S. 202)
Crème Diplomate (S. 213)
Crème Pâtissière (S. 210)

Zutaten

CRÈME DIPLOMATE
6g Gelatine

CRÈME PÂTISSIÈRE
350ml Milch
Mark von 1 Vanilleschote
50g Zucker
60g Eigelb
35g Cremepulver

CRÈME FOUETTÉE
380g Sahne

MANDEL-DACQUOISE
150g Puderzucker
30g Mehl
120g gemahlene Mandeln und 50g Mandelblättchen
150g Eiweiss
150g Zucker

GARNIEREN UND ANRICHTEN
250g Himbeeren
30g neutrale Glasur
40g Kokosraspel
30g Himbeer-Coulis
10g Puderzucker
einige Minzeblätter

HINWEIS

Da dieses Entremets wenig Zucker enthält, sollten die Himbeeren möglichst reif und von guter Qualität sein. Beginnen Sie rechtzeitig mit der Zubereitung: Der Framboisier muss vor dem Servieren 2 Stunden kühl gestellt werden.

Techniken

Mischung hell und schaumig rühren, abgebundene Creme aufschlagen und zubereiten, Eiweiss steif schlagen, Spritzbeutel befüllen, dressieren

Tipp

Bei den Früchten können Sie variieren, z.B. mit Erdbeeren, Walderdbeeren oder Kirschen.

Framboisier

1 **Crème Diplomate** (S. 213)
Die Gelatine in einer kleinen Schüssel mit sehr kaltem Wasser einweichen. Grundrezept Crème Pâtissière zubereiten (S. 210). Die ausgedrückte Gelatine dazugeben und alles mischen.

2 Die Creme in eine mit Frischhaltefolie ausgelegte Form geben, die Oberfläche mit Frischhaltefolie abdecken. Etwa 1 Stunde in den Kühlschrank oder 20 Minuten in den Gefrierschrank stellen.

3 **Mandel-Dacquoise**
Grundrezept Mandel-Dacquoise (S. 202) in den angegebenen Mengen zubereiten. Zwei Teigkreise von 16 Zentimetern Durchmesser auf Backpapier dressieren.

4 **Garnieren und anrichten**
Die Crème Diplomate fertigstellen: Die Sahne in einer Küchenmaschine mit Schneebesen steif schlagen, die zuvor glatt gerührte Crème Pâtissière untermischen. Einen Spritzbeutel mit 13er-Lochtülle (S. 12) mit der Hälfte der Crème füllen.

5 Einen Tortenring mit Tortenrandfolie auslegen und mithilfe einer Palette mit einer dünnen Schicht Crème Diplomate auskleiden.

6 Die Dacquoise-Böden sauber auf 16 Zentimeter Durchmesser zurechtschneiden.

7 Den ersten Dacquoise-Boden in den Tortenring setzen.

8 Etwas Crème Diplomate spiralförmig darauf dressieren, sodass der gesamte Biskuit damit bedeckt ist.

9 Die Crème vollständig mit gewaschenen, trocken getupften Himbeeren belegen, der obere Teil der Himbeeren zeigt dabei nach unten.

10 Eine zweite Schicht Crème daraufgeben und mit der Palette glatt streichen.

11 Den zweiten Dacquoise-Boden darauflegen und leicht andrücken.

12 Eine letzte dünne Schicht Crème Diplomate bis zum Rand des Tortenrings auftragen und mit der Palette glatt streichen.

13 Das Entremets rundherum mit Kuppeln aus Crème Diplomate verzieren.

14 40 Minuten im Gefrierschrank fest werden lassen.

15 Das Entremets aus dem Tortenring lösen.

16 Mit einem Pinsel eine Schicht neutrale Glasur auf den äußeren Rand auftragen.

17 Den Rand mit Kokosraspeln überziehen.

18 Restliche Himbeeren waschen und trocken tupfen. Die Mitte des Entremets mit Himbeeren garnieren.

19 Einige mit Coulis gefüllte und mit Puderzucker bestäubte Himbeeren sowie einige gewaschene, trocken geschüttelte Minzeblätter darauf verteilen. Den oberen Rand durch ein feines Sieb mit Puderzucker bestäuben.

20 Vor dem Servieren 2 Stunden in den Kühlschrank stellen.

5

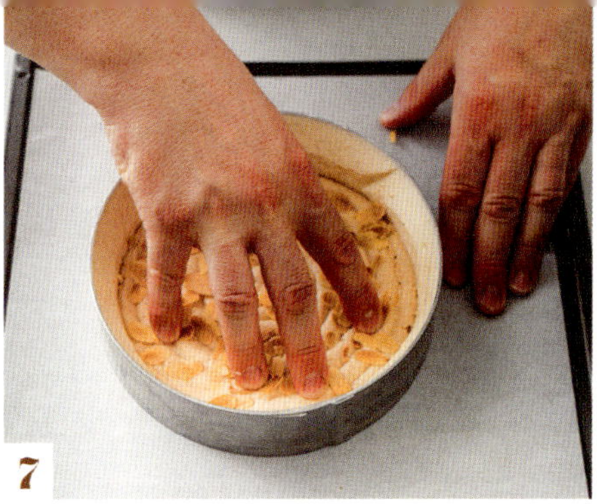

7

9

10

11

Mit leichtem Druck auf den Biskuit lassen sich Luftbläschen vermeiden.

12

13

16

18

Dekoration

1

2

3

4

HINWEIS

Lassen Sie die Kuvertüre niemals direkt auf der heißen Herdplatte schmelzen, sonst brennt sie an! Nicht mit Wasser oder wasserhaltigen Zutaten mischen.

Temperaturkurven

Dunkle Kuvertüre
50/55 °C max. → 26/27 °C → 31/32 °C

Milchschokoladenkuvertüre
45/50 °C max. → 26/27 °C → 29/30 °C

Helle oder weiße Kuvertüre
45 °C max. → 25/26 °C → 28/29 °C

TECHNIK

ZUBEREITUNG: 30 MINUTEN

Schokolade temperieren + Dekor

DEFINITION

Technik zur Herstellung glänzender Schokoladendekors, die sich leicht aus der Form lösen lassen. Hierfür wird die Schokolade auf verschiedene Temperaturen gebracht: Zuerst wird sie erhitzt, dann gekühlt und anschliessend erneut erhitzt. Jede Schokoladensorte hat ihre eigene Temperaturkurve. Es empfiehlt sich, Schokoladenkuvertüre mit einem hohen Anteil an Kakaobutter zu verwenden.

WUSSTEN SIE SCHON?

Schokolade mit geringem Kakaobutteranteil muss nicht temperiert werden und eignet sich für die Herstellung von Ganaches oder sonstigen Schokoladenmassen, denen anderes Fett hinzugefügt wird. Schokoladenkuvertüre mit hohem Kakaobuttergehalt hingegen wird zum Überziehen sowie zur Herstellung von Dekorationen und Mousses verwendet.

UTENSILIEN

Rührschüssel
Zuckerthermometer
Teigspatel
glatte Arbeitsfläche aus Marmor oder Granit
Palette, Officemesser
Acetatfolie
Teigrad
langes scharfes Messer
dreieckiger Schokoladenspachtel
Klebeband
Backpapier für die Spritztüte
Küchenschere

VERWENDUNG

Forêt Noire (S. 257)
Entremets Trois Chocolats (S. 236)

1 Temperieren

Die Schokoladenkuvertüre im Wasserbad schmelzen lassen, bis die erste Temperatur der Temperaturkurve erreicht ist.

2 Zwei Drittel der Masse auf die Arbeitsfläche gießen. Die Schokolade mit einem Schokoladenspachtel und einer Palette bearbeiten.

3 Die Schokolade »tablieren«: Hierzu die Masse auf der Arbeitsfläche verstreichen, damit sie durch den Kontakt mit dem kalten Material abkühlt. Danach wieder zusammenschieben und erneut verstreichen, bis die zweite Temperatur in der Temperaturkurve erreicht ist. Die Kuvertüre nimmt optisch die Konsistenz einer Ganache an, sie wird durch das Abkühlen fester.

4 Die tablierte Masse in die Schüssel zur restlichen, noch warmen Schokolade geben. Mischen, bis die dritte Temperatur in der Temperaturkurve erreicht ist.

1
2
3
4
5
6
7
8
9
10
12

Schokolade temperieren + Dekor

Schokoladendekor

1 Die temperierte Kuvertüre auf ein Stück Acetatfolie geben.

2 Die Kuvertüre mit einer großen Palette vorsichtig auf der Acetatfolie und über den Rand hinaus verstreichen.

3 Mit der Spitze eines Messers den Rand der Folie anheben.

4 Die Kuvertüre fest werden lassen. Je nach Raumtemperatur dauert es zwischen 1 und 3 Minuten, bis die Kuvertüre zu kristallisieren beginnt.

5 Die Arbeitsfläche mit einem Schokoladenspachtel reinigen.

6 Für Dreiecke in verschiedenen Größen von einem Punkt aus beginnend das Schokoladenquadrat in Dreiecke schneiden.

7 Für kleine Quadrate mit einem Teigrad Linien im rechten Winkel zu den Seiten ziehen.

8 Für Schokoladenspäne aus gleichmäßigen Dreiecken das Schokoladenquadrat mit einem sehr langen Messer in der gesamten Länge der Folie in schmale Dreiecke schneiden.

9 Die Folie einrollen, um eine Spiralform zu erhalten.

10 Die Folie mit Klebeband befestigen.

11 Falls Sie an einem warmen Ort arbeiten, die Schokoladendekors im Kühlschrank kristallisieren lassen, jedoch nicht länger als 15 Minuten, da im Kühlschrank ein feuchtes Klima herrscht.

12 Die Dekors erst direkt vor dem Verzieren Ihrer Kreationen von der Folie lösen.

1

2

3

4

6

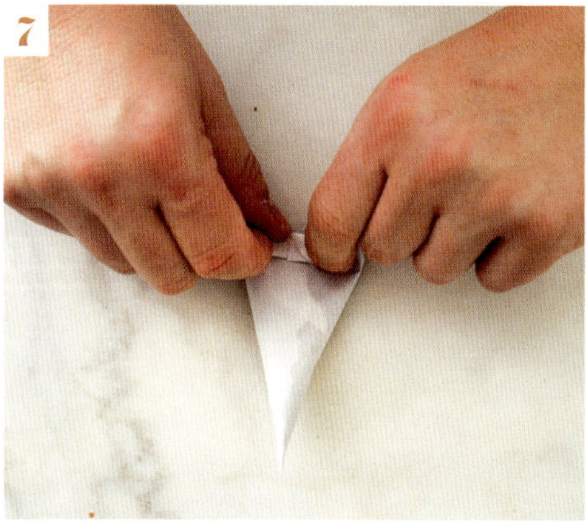
7

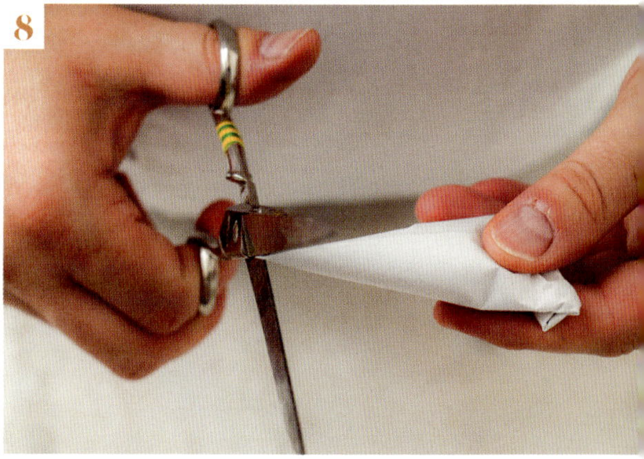
8

9

11

12

Schokolade temperieren + Dekor

Dekoration mit der Spritztüte

1 Aus Backpapier ein Dreieck ausschneiden und mit Daumen und Zeigefinger einer Hand in der Mitte der langen Seite festhalten.

2 Mit der anderen Hand das Backpapier zu einem Kegel einrollen.

3 Die obere Spitze des Papiers nach innen einfalten.

4 Das Papier glatt streichen.

5 Die Spritztüte ungefähr bis zur Hälfte mit temperierter Schokolade füllen.

6 Zum Verschließen die Seiten an der Öffnung bis zur Mitte einfalten.

7 Zum Befestigen den Rand nach hinten biegen und nach unten einfalten.

8 Mit einer Küchenschere eine kleine Öffnung in die Spitze der Spritztüte schneiden.

9 Die Spritztüte zwischen Daumen, Zeige- und Mittelfinger nehmen. Mit dem Daumen die Schokolade gleichmäßig von oben nach unten herausdrücken. Der Druck sollte dabei gleichmäßig zur Geschwindigkeit ausgeführt werden, mit der die Spritztüte geführt wird.

10 Nach jedem Motiv kurz absetzen.

11 Mit der »Gleitmethode« lassen sich horizontale und vertikale Flächen dekorieren: Dafür die Spritztüte in einem Winkel von etwa 30° zur Oberfläche halten, wie beim Schreiben mit einem Stift.

12 Bei der »Tropfmethode« wird die Spritztüte senkrecht in einem Abstand von etwa 5 Zentimetern über der zu dekorierenden Fläche gehalten. Dabei darauf achten, dass die Schokolade in einem dünnen, gleichmäßigen Strahl fließt.

TECHNIK

ZUBEREITUNG: 15 BIS 30 MINUTEN JE NACH MOTIV

Dekorationen von Yuka Hayakawa, japanische Patissière, spezialisiert auf Marzipandekors

Marzipandekor

WUSSTEN SIE SCHON?

FÜR IHRE DEKORATIONEN VERWENDET YUKA EINE MISCHUNG AUS 50% MARZIPANROHMASSE UND 50% PÂTE À SUCRE.

UTENSILIEN

KÜCHENMASCHINE MIT SCHNEEBESEN UND RÜHRBLATT

FRISCHHALTEFOLIE

BACKPINSEL

MESSER

MODELLIERWERKZEUG

ZUTATEN

MARZIPANROHMASSE ZUM MODELLIEREN VON DEKORATIONEN

ROTE LEBENSMITTELFARBE

PÂTE À SUCRE

500 G PUDERZUCKER

5 G EIWEISSPULVER

30 ML WASSER

70 G GLUCOSESIRUP

GLACE ROYALE

30 G EIWEISS

150 G PUDERZUCKER

TIPP

EMPFEHLENSWERT IST ES, HANDELSÜBLICHE MARZIPANROHMASSE ZU VERWENDEN UND IN EINER KÜCHENMASCHINE MIT RÜHRBLATT MIT DER PÂTE À SUCRE ZU MISCHEN. SIE LÄSST SICH MEHRERE WOCHEN IM KÜHLSCHRANK AUFBEWAHREN.

HINWEIS

Rechts sehen Sie einige Beispiele klassischer Motive: Frankreich, das Herkunftsland der Patisserie, und seine Nationalfeier am 14. Juli, das glückliche Ereignis einer Geburt und Sport in Form von rugbyspielenden Eichhörnchen. Diese Motive können als Inspirationsquellen für eigene Dekormotive dienen. Wenn Ihnen mal die Zeit fehlen sollte, im Voraus eine Pâte à Sucre vorzubereiten, können Sie Ihre Dekorationen auch aus reiner Marzipanrohmasse herstellen.

Marzipandekor

1 **Pâte à Sucre**

Den Puderzucker in eine Küchenmaschine mit Schneeesen geben. Das Eiweißpulver mit Wasser und Glucosesirup mischen und hinzufügen. Alles zu einer glatten Masse verarbeiten.

2 Die Pâte à Sucre auf die Arbeitsfläche geben und mit den Handballen kneten.

3 Die Masse zusammen mit der Marzipanrohmasse in eine Küchenmaschine mit Rührblatt geben und mischen. Zu einer Kugel formen und in Frischhaltefolie wickeln.

4 **Glace Royale**

Eiweiß und Puderzucker in einer Küchenmaschine mit Schneebesen mischen, bis die Masse die Konsistenz einer Crème Pâtissière annimmt.

5 **Beispiel: ein Marzipan-Baby formen**

Die Marzipanmasse mit den Händen weich kneten.

6 Zuerst den Kopf formen. Hierzu den Teig zu einer kleinen Kugel rollen und mit dem Zeigefinger eine kleine Mulde hineindrücken.

7 Für die Augen zwei kleine Löcher in die Kugel stechen.

8 Die Kugel in eine rund-ovale Form bringen.

9 An der unteren Seite ein kleines Loch für den Mund einstechen.

10 Für die Ohren zwei kleine Kugeln formen und an beiden Seiten des Kopfs festkleben, leicht flach drücken und in der Mitte etwas eindrücken.

11 Mit einem Pinsel die Wimpern anbringen.

12 Für die Augenlider zwei kleine Kugeln in die Augenlöcher einsetzen und flach drücken.

13 Nun den Körper formen. Hierzu die Masse zu einer runden Form mit zwei spitz auslaufenden Enden rollen.

14 Für die Arme und Beine beide Enden mit einem Messer einschneiden.

15 An einer Seite die beiden Enden leicht auseinanderbiegen und die Beine formen.

16 An der anderen Seite die Enden weiter auseinanderziehen und die Arme formen.

17 Körper und Kopf zusammensetzen und mit Glace Royale festkleben. Vor der Weiterverwendung 2 Stunden trocknen lassen.

18 Die Wangen des Babys mit einem Hauch roter Lebensmittelfarbe überziehen.

5

6

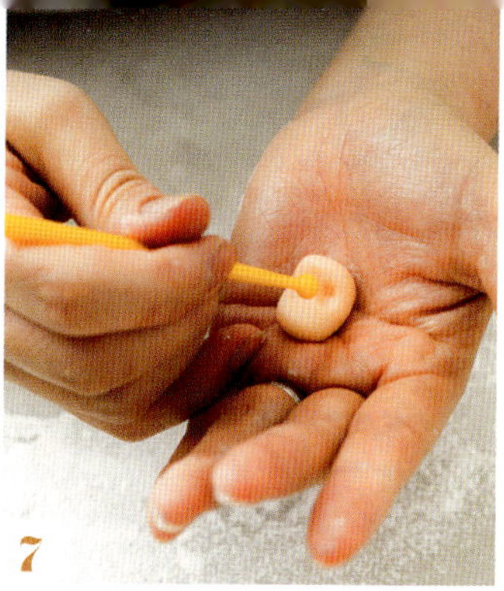

7

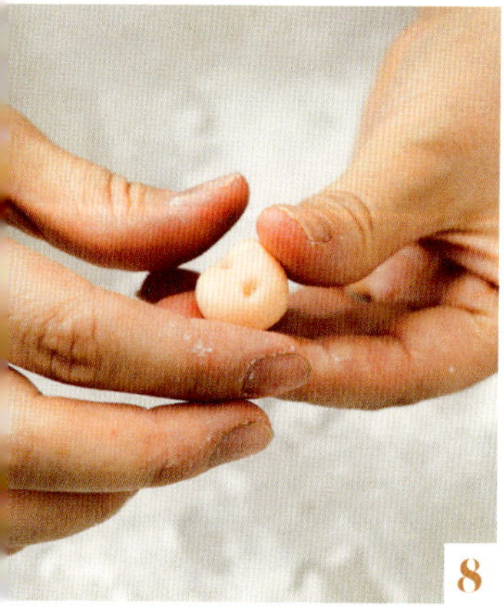

8

9

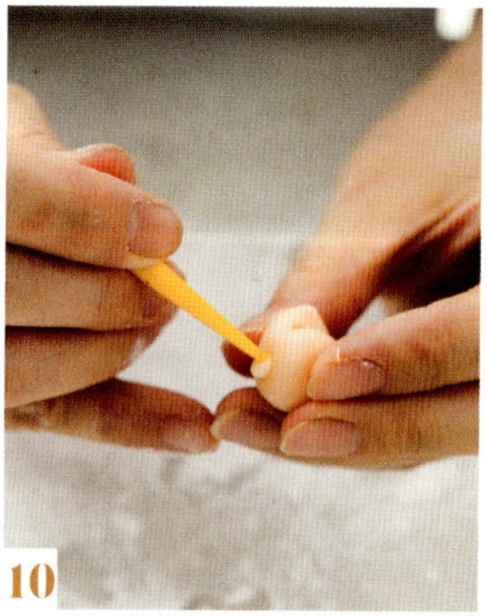

10

11

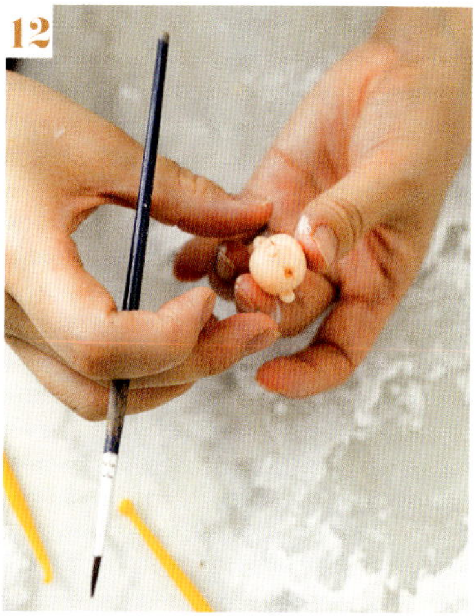

12

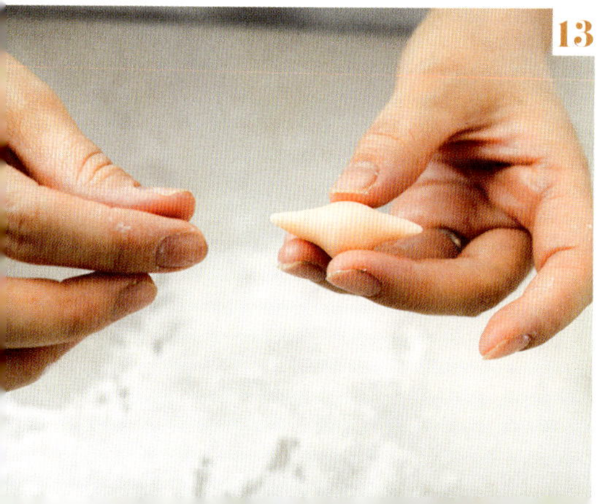

13

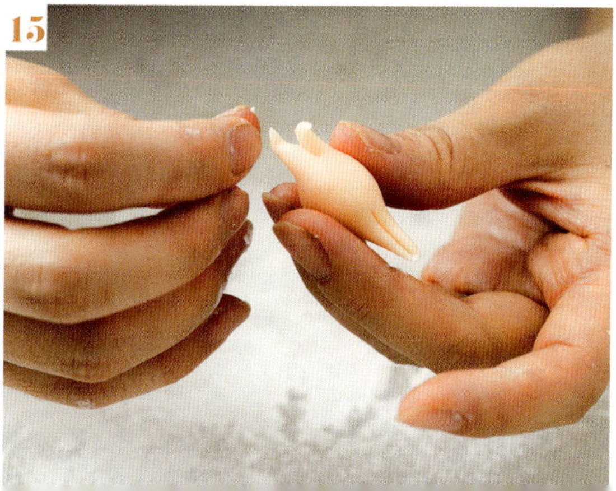

15

DEFINITION

Zubereitung auf Grundlage von Zucker und Wasser mit klebriger, recht dichter Konsistenz zum Glasieren von Religieuses, Eclairs und anderem Gebäck

WUSSTEN SIE SCHON?

Es gibt verschiedene Arten von Fondant für verschiedene Anwendungen. In der Patisserie verwendet man meistens weichen Fondant.

UTENSILIEN

Kasserolle
Teigspatel

VERWENDUNG

Pistazien-Eclairs (S. 81)
Schokoladen-Religieuses (S. 84)

TECHNIK

Zubereitung: 10 Minuten
Ruhezeit: 10 Minuten

ZUTATEN

Fondant
Aromazutaten, z.B. Pistazienpaste, Kakaopaste, Kaffee- oder Vanilleextrakt
Lebensmittelfarbe
ggf. Zuckersirup 30°

Fondant temperieren

1. Die gewünschte Menge Fondant in eine Kasserolle geben. Diese muss ausreichend groß sein, um die Windbeutel oder Eclairs hineintauchen zu können.
2. Den Fondant mit warmem Wasser bedecken.
3. Etwa 10 Minuten einweichen lassen.
4. Das gesamte Wasser aus der Kasserolle abgießen.
5. Den Fondant mit einem Teigspatel umrühren und sanft erhitzen: Er darf eine Temperatur von 37 °C nicht überschreiten.
6. Wenn der Fondant die richtige Temperatur hat, nach Belieben Aromazutaten und Lebensmittelfarbe dazugeben.
7. Falls nötig, etwas Zuckersirup 30° (S. 11) dazugeben, damit der Fondant die gewünschte Konsistenz erhält.
8. Die Konsistenz mit dem Teigspatel überprüfen: Wenn der Fondant wie ein Band herabfließt, ist er zur Verwendung bereit. Achten Sie aber darauf, die Temperatur von 37 °C aufrechtzuerhalten.

TIPP

Beim Aromatisieren des Fondants können Sie Ihrer Kreativität freien Lauf lassen. Hier gibt es unzählige Möglichkeiten wie z.B. Orangenblüten-, Rosen- oder Veilchenaroma.

HINWEIS

Wenn der Fondant heißer wird als 37 °C, senken Sie die Temperatur, indem Sie etwas kalten Fondant dazugeben.

2

5

Erhitzen Sie den Fondant unter ständigem Rühren.

6

7

8

Sie können die Kasserolle auch abdecken, damit der Rand durch den Wasserdampf sauber bleibt.

3

4

5

6

DEFINITION

Zubereitung aus geschmolzenem Zucker mit bräunlichem Farbton zum Dekorieren oder Aromatisieren von Cremes

VERWENDUNG

Salambos (S. 93)
Birnen-Karamell-Charlotte (S. 244)

UTENSILIEN

Kasserolle
Backpinsel
Zuckerthermometer
Rührschüssel
Silikonbackmatte

ERGIBT 600 G

Zubereitung: 5 Minuten
Garzeit: 10 Minuten

ZUTATEN

175 ml Wasser
500 g grober Kristallzucker
50–150 g Glucosesirup je nach Karamelltyp

Karamell

1 In einer sehr sauberen Kasserolle Wasser und Zucker zum Kochen bringen.

2 Den Glucosesirup dazugeben.

3 Den Rand der Kasserolle mit einem sauberen, in Wasser getauchten Pinsel reinigen, um Spritzer zu entfernen und zu verhindern, dass der Zucker sich dort festsetzt und karamellisiert.

4 Sprudelnd kochen lassen, bis die Mischung eine Temperatur zwischen 168 und 178 °C erreicht hat, je nach gewünschter Farbe und Verwendungszweck.

5 Um den Garprozess zu stoppen, die Kasserolle in eine Rührschüssel mit kaltem Wasser stellen.

6 Das Karamell sofort auf eine Silikonbackmatte gießen oder direkt für eine Zubereitung weiterverwenden.

WUSSTEN SIE SCHON?

Durch den Glucosesirup wird das Karamell stabiler und lässt sich deshalb besser aufbewahren.

TIPP

Für ein flüssiges Karamell oder eine Karamellsauce mit gesalzener Butter das Karamell vom Herd nehmen und entweder mit Wasser oder mit Crème fraîche und gesalzener Butter vermengen.

HINWEIS

Arbeiten Sie so sauber wie möglich: Schon bei der kleinsten Verunreinigung kann der Zucker verklumpen. Dies kann dazu führen, dass das Karamell nicht gelingt.

DEFINITION

Mischung aus Mandeln und Karamell, aus der Füllungen oder Dekorationen hergestellt werden

TECHNIK

Masse ausrollen

UTENSILIEN

Kasserolle
Backpinsel
Teigspatel
ggf. Silikonbackmatte
Teigroller
Messer

ERGIBT 1,1 KG

Zubereitung: 5 Minuten
Garzeit: 20 Minuten

ZUTATEN

25 ml Wasser
400 g Glucosesirup
500 g Zucker
350 g gehackte Mandeln
etwas Öl für Arbeitsfläche, Utensilien und Blech

Krokant

1 Backofen auf 155 °C vorheizen. In einer sehr sauberen Kasserolle Wasser und Glucosesirup zum Kochen bringen.

2 Nach und nach den Zucker hinzufügen.

3 Den Rand der Kasserolle mit einem sauberen, in Wasser getauchten Pinsel reinigen, um Spritzer zu entfernen und zu vermeiden, dass der Zucker anhaftet und karamellisiert.

4 Die gehackten Mandeln im vorgeheizten Backofen etwa 10 Minuten rösten.

5 Den Zuckersirup sprudelnd kochen lassen, bis ein helles Karamell entsteht.

6 Die Mandeln zum Karamell geben.

7 Alles mischen, bis eine homogene Masse entstanden ist.

8 Die Krokantmasse auf ein geöltes Backblech oder eine Silikonbackmatte gießen und mit einem Teigroller sehr dünn ausrollen.

9 Den Krokant sofort mit einem scharfen Messer in die gewünschte Form schneiden. Krokant lässt sich, luftdicht verpackt, mehrere Tage aufbewahren.

2

7

8

9

HINWEIS

Ölen Sie die Arbeitsfläche und alle Utensilien gut ein.

TIPP

HABEN SIE KEINEN GLUCOSESIRUP VORRÄTIG, KÖNNEN SIE DEN KROKANT AUCH AUS 100% ZUCKER ZUBEREITEN. GLUCOSE SORGT JEDOCH FÜR EINE LÄNGERE HALTBARKEIT.

5

6

7

9

HINWEIS

Wenn Sie keine Zeit haben, das Praliné selbst herzustellen, können Sie es auch fertig im Fachhandel kaufen.

Praliné Feuilleté

DEFINITION

Knusprige Mischung aus Milchschokolade, Praliné und Pailleté Feuilletine

VERWENDUNG

Paris-Brest (S. 88)
Entremets Royal Chocolat (S. 252)

TECHNIK

Masse ausrollen

UTENSILIEN

Kasserolle
Zuckerthermometer
Teigspatel
Backpapier
Backblech
Küchenmaschine
Rührschüssel
Teigroller
Acetatfolie
Messer

ERGIBT 600G

Zubereitung: 10 Minuten
Garzeit: 5 Minuten
Kühlzeit: 20 Minuten

ZUTATEN

50g Milchschokolade
15g Butter
100g Pailleté Feuilletine

PRALINÉ (ERGIBT 450G)

200g Zucker
65ml Wasser
125g gehackte Mandeln
125g gehackte Haselnüsse

1 **Praliné**

In einer Kasserolle Zucker und Wasser auf 120 °C erhitzen. Die Nüsse dazugeben und bei geringer Hitze unter ständigem Rühren mit dem Teigspatel in etwa 10 Minuten karamellisieren lassen.

2 Die Masse auf ein mit Backpapier ausgelegtes Backblech streichen und bei Raumtemperatur abkühlen lassen.

3 Die Mischung in einer Küchenmaschine zu einer glatten Paste zerkleinern. Kühl, trocken und lichtgeschützt aufbewahren.

4 **Praliné Feuilleté**

Milchschokolade, Praliné und Butter im Wasserbad unter ständigem Rühren mit dem Teigspatel schmelzen lassen.

5 Die Pailleté Feuilletine hinzufügen.

6 Alles zu einer homogenen Masse vermischen.

7 Die Zubereitung zwischen zwei Lagen Acetatfolie oder Backpapier 4 Millimeter dick ausrollen.

8 20 Minuten im Gefrierschrank kühl stellen.

9 Das Praliné Feuilleté mit einem scharfen Messer in 1 Zentimeter große Quadrate schneiden.

10 Bis zur Verwendung im Gefrierschrank aufbewahren.

DEFINITION

Glänzende, gefärbte Glasur zum Überziehen von Kuchen und Entremets

VERWENDUNG

Miroir mit roten Früchten (S. 241)

UTENSILIEN

kleine Schüssel
Kasserolle
Schneebesen
Spitzsieb
Rührschüssel
Stabmixer
Frischhaltefolie
Zuckerthermometer

ERGIBT 600G

Zubereitung: 15 Minuten
Garzeit: 10 Minuten
Kühlzeit: 1 Stunde

ZUTATEN

13g Gelatine
75ml Wasser
150g Zucker
150g Glucosesirup
100ml gezuckerte Kondensmilch
150g helle Kuvertüre (Chips)
Lebensmittelfarbe

Farbige Spiegelglasur

1 Die Gelatine in einer kleinen Schüssel mit sehr kaltem Wasser einweichen.

2 Wasser, Zucker und Glucosesirup in einer Kasserolle zu einem Sirup einkochen lassen.

3 Die Kondensmilch dazugeben und mit einem Schneebesen untermischen.

4 Weiterrühren und die abgetropfte und ausgedrückte Gelatine dazugeben.

5 Die Kuvertüre hinzufügen und alles zu einer glatten, homogenen Masse verrühren.

6 Die Mischung durch ein Spitzsieb in eine Rührschüssel abgießen.

7 Die Lebensmittelfarbe dazugeben.

8 Die Glasur mit einem Stabmixer glatt rühren, dabei darauf achten, dass keine Luftblasen entstehen.

9 Die Oberfläche mit Frischhaltefolie abdecken und die Glasur 1 Stunde im Kühlschrank kühl stellen.

10 Die Glasur im Wasserbad auf 28 bis 29 °C erwärmen und über das tiefgefrorene Entremets oder den Kuchen geben.

TIPP

Die Glasur lässt sich einige Tage im Kühlschrank aufbewahren, heben Sie eventuelle Reste also zur weiteren Verwendung auf.

HINWEIS

Achten Sie darauf, dass beim Erwärmen der Glasur keine Luftbläschen entstehen, um den spiegelglatten Effekt nicht zu zerstören. Geben Sie die Glasur nur auf tiefgefrorene Entremets.

4

5

6

8
Lebensmittelfarbe je nach
gewünschtem Farbton verwenden.

3
Sieben Sie das
Kakaopulver vorher,
damit sich keine
Klümpchen bilden.

4

6

7

9

DEFINITION

Glänzende Schokoladen-glasur zum Überziehen von Kuchen und Entremets

VERWENDUNG

Schokoladen-Tarte (S. 58)
Entremets Royal Chocolat (S. 252)
Schokoladenkuchen mit Nüssen (S. 147)

UTENSILIEN

kleine Schüssel
Kasserolle
Teigspatel
Schneebesen
Spitzsieb
Rührschüssel
Frischhaltefolie
Zuckerthermometer

ERGIBT 900G

Zubereitung: 20 Minuten
Garzeit: 10 Minuten
Kühlzeit: 1 Stunde

ZUTATEN

14g Gelatine
280ml Wasser
360g Zucker
120g Kakaopulver
210g Sahne

Schokoladen-spiegelglasur

1 Die Gelatine in einer kleinen Schüssel mit sehr kaltem Wasser einweichen.

2 In einer Kasserolle Wasser und Zucker zu einem Sirup einkochen lassen.

3 Das Kakaopulver hinzufügen, alles mischen und unter Rühren mit einem Teigspatel zum Kochen bringen.

4 Unter ständigem Rühren mit einem Schneebesen die Sahne dazugeben.

5 Alles bei mittlerer Hitze unter ständigem Rühren etwa 7 Minuten kochen lassen.

6 Vom Herd nehmen und die ausgedrückte Gelatine hinzufügen.

7 Die Mischung durch ein Spitzsieb in eine Schüssel gießen.

8 Die Oberfläche mit Frischhaltefolie abdecken und die Glasur 1 Stunde in den Kühlschrank stellen.

9 Die Glasur im Wasserbad auf 28 bis 29 °C erwärmen und über ein tiefgefrorenes Entremets oder einen Kuchen gießen.

TIPP

Diese Glasur lässt sich 5 Tage im Kühlschrank aufbewahren. Man kann sie auch einfrieren.

HINWEIS

Achten Sie darauf, dass sich beim Erwärmen der Glasur keine Luftblasen bilden, denn diese erschweren es, sie in einer glatten, glänzenden Schicht aufzutragen. Die Glasur beim Erwärmen vorsichtig mit einem Teigspatel umrühren und nur über tiefgefrorene Entremets geben.

DEFINITION

Himbeerkonfitüre zum Garnieren von Patisseriewaren

VERWENDUNG

Tarte Amandine mit Himbeeren (S. 36)

Erdbeer-Sahne-Tarte (S. 63)

Himbeer-Sahne-Windbeutel (S. 76)

UTENSILIEN

Kasserolle
Teigspatel
Schneebesen
Zuckerthermometer
flache Form
Frischhaltefolie

ERGIBT 750 G

Zubereitung: 5 Minuten
Garzeit: 10 Minuten

ZUTATEN

500 g tiefgekühlte Himbeeren
500 g Zucker

Framboises Pépins

1 Himbeeren und Zucker in eine Kasserolle geben.

2 Mithilfe eines Teigspatels mischen und zum Kochen bringen.

3 Sprudelnd kochen lassen, dabei mit einem Schneebesen ständig rühren, damit die Mischung nicht karamellisiert.

4 Die Temperatur mit einem Thermometer überwachen. Die Mischung muss 104 °C erreichen.

5 In eine flache Form geben und die Oberfläche mit Frischhaltefolie abdecken.

6 Bis zur Verwendung im Kühlschrank aufbewahren.

TIPP

Eigentlich handelt es sich hier schlicht und einfach um eine Konfitüre. Sie können für dieses Rezept auch andere Früchte verwenden.

HINWEIS

Achten Sie genau auf die Gartemperatur, damit die Mischung die richtige Konsistenz erhält.

2

3

4

5

Anhang

Rezeptregister

Mürbteig und Co.

Brandteig

Hefeteig

Rührteig

Blätterteig

Baisermasse

Biskuitmasse

Cremes

Entremets

Dekoration

Glossar der Techniken

Die Seitenverweise bei den einzelnen Techniken verweisen jeweils auf die bebilderten Schritt-für-Schritt-Anleitungen.

Abgebundene Creme zubereiten

→ **Technik S. 210, 218 und 222**

Technik für die Zubereitung von Crème Pâtissière, Crème Caramel und Crème Anglaise (siehe »Creme zur Rose abziehen«). Eine Creme zu kochen ist nicht einfach, da sie Ei enthält und deshalb schnell gerinnen kann.

Aufschlagen

→ **Technik S. 186 und 209**

Zubereitung mit dem Schneebesen mischen, damit Luft hineinkommt und sich das Volumen vergrößert.

Butter cremig rühren

→ **Technik S. 18**

Butter so lange rühren, bis sie eine weiche, glatte und cremige Konsistenz hat.

Creme zur Rose abziehen

→ **Technik S. 222**

Zubereitungsmethode für bestimmte Cremes (wie Crème Anglaise), die mithilfe von Eigelb abgebunden werden. Dafür wird die Flüssigkeit unter Rühren sehr langsam erhitzt, bis sie zur gewünschten Konsistenz eindickt. Die Creme ist fertig, wenn sie einen Löffelrücken überzieht und man mit dem Finger eine Linie hineinziehen kann.

Dressieren

→ **Technik S. 57 und 75**

Zubereitung mithilfe eines Spritzbeutels in einer bestimmten Form auftragen.

Eiweiß steif schlagen

→ **Technik S. 185 und 201**

Eiweiß kräftig zu Eischnee schlagen, dabei nach und nach Zucker hinzufügen, damit der Eischnee eine feste, homogene Konsistenz erhält.

Gehen lassen

→ **Technik S. 104**

Hefeteig bei einer Temperatur von etwa 30 °C ruhen lassen, damit er sein Volumen vergrößert.

Glasieren

→ **Technik S. 60**

Eine Tarte, ein Entremets oder einen Kuchen gleichmäßig mit Glasur überziehen.

Hefe- und Blätterteig kneten

→ **Technik S. 104**

Zutaten zu einem glatten, homogenen Teig verarbeiten. Die Konsistenz des Teigs ist von den Zutaten und der Dauer des Mischens abhängig.

Hell und schaumig rühren

→ **Technik S. 210**

Zubereitung so lange mit dem Schneebesen schlagen, bis sie eine helle Farbe und eine schaumige Konsistenz erhält.

Macaronieren

→ **Technik S. 192**

Zubereitung mit einem Teigspatel vermischen und glätten, bis die Masse wie ein Band vom Löffel fließt.

Mit der Spritztüte dekorieren

→ Technik S. 271

Eine Spritztüte ist ein kegelförmig eingerolltes Stück Backpapier, gefüllt mit einer Zubereitung - meistens Schokolade - zum Dekorieren von Patisseriewaren.

Mürbteig von Hand kneten

→ Technik S. 16

Mürbteig mit den Handballen auf der Arbeitsfläche zusammendrücken, damit sich die Zutaten gut vermischen.

Pâte à Bombe zubereiten

→ Technik S. 221 und 230

Eine Masse auf Basis von Eiern oder Eigelb und Zuckersirup oder Karamell zubereiten, indem man sie bis zum Abkühlen mit einem Schneebesen schlägt.

Spritzbeutel befüllen

→ Technik S. 12

Technik zum Befüllen eines Spritzbeutels mit einer Zubereitung, die einige Übung erfordert.

Teig formen

→ Technik S. 118

Einen Teig vor dem Backen in bestimmte Formen bringen, etwa für Pain au Chocolat, Brioches, Milchbrötchen oder Croissants.

Teig krümelig kneten

→ Technik S. 16

Mehl und Butter mit den Fingerspitzen zu einer sandigen Masse verarbeiten.

Teig oder Masse ausrollen

→ Technik S. 16

Teig mit einem Teigroller oder einer elektrischen Teigwalze ausrollen.

Temperieren

- Fondant (S. 276)
- Schokolade (S. 267)

Die Zutaten auf eine Temperatur bringen, bei der sie sich gut verarbeiten lassen und bei der das Endergebnis einen schönen Glanz erhält.

Tortenring auskleiden

→ Technik S. 243

Wände eines Tortenrings vor dem Füllen mit Backpapier oder Tortenrandfolie auskleiden oder direkt mit Creme oder Mousse füllen, eventuell auch einfetten und/oder mit Mehl bestäuben.

Tortenring mit Teig auslegen

→ Technik S. 16

Ausgerollten Teig vor dem Backen so in einen Tortenring legen, dass er dessen Form annimmt.

Zuckersirup herstellen

→ Technik S. 11 und 279

Zucker und Wasser zu einem Sirup einkochen. Die Mengenverhältnisse und Temperaturen sind abhängig von der Verwendung.

Weitere Titel zum Thema Essen und Genießen finden Sie auf unserer Homepage:
www.gerstenberg-verlag.de

Die Originalausgabe erschien 2016 unter dem Titel
Je passe mon CAP en candidat libre
bei

Aus dem Französischen von
Julia Paiva Nunes

3. Auflage 2023

Satz und Redaktion: twinbooks, München

Printed in China

ISBN 978-3-8369-2137-4
www.gerstenberg-verlag.de

DAMIEN DUQUESNE DANKT:
Régis für unsere langjährige Freundschaft,
Patisseriemeister Philippe Conticini für seine Großzügigkeit,
meiner Familie, die mich immer unterstützt hat,
meinen Schülern für ihre Geduld,
allen wunderbaren Personen, denen ich in meinem Leben begegnet bin, wie beispielsweise Georges Roux,
sowie dem Team, das an diesem Buch mitgearbeitet hat, für seine gelungene Arbeit.

RÉGIS GARNAUD DANKT:
meiner Frau Anne für ihre immerwährende Unterstützung,
meinem Freund, Damien, für die gute Zusammenarbeit und für seine Großzügigkeit,
Daniel Bertrand, unserem Assistenten, für seine engagierte Arbeit,
Yuka Hayakawa, die ihr außergewöhnliches Know-how mit uns geteilt hat,
Amélie Roche für ihre wundervollen Fotos,
Alice Gouget, Claire Dupuy und dem gesamten Team für ihre wertvollen Ratschläge.

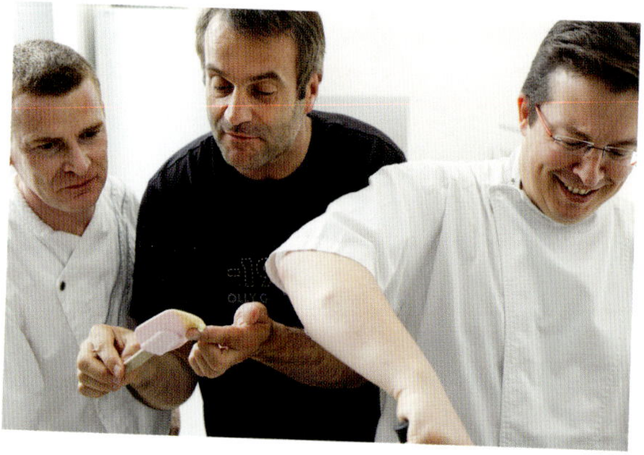